LE PRÊT A INTÉRÊT

DANS L'ANCIENNE FRANCE

ÉVOLUTION DES DOCTRINES DE LA LÉGISLATION

THÈSE POUR LE DOCTORAT

L'ACTE PUBLIC SUR LES MATIÈRES CI-APRÈS

Sera soutenu le vendredi 15 juin 1900, à 8 heures 1/2

PAR

Jules FAVRE

LICENCIÉ ÈS LETTRES (PHILOSOPHIE)

AVOCAT A LA COUR D'APPEL

Président : M. DESCHAMPS.

Suffragants : MM. CHÉNON, SOUCHON, *professeurs.*

PARIS

LIBRAIRIE NOUVELLE DE DROIT ET DE JURISPRUDENCE

ARTHUR ROUSSEAU

ÉDITEUR

14, rue Soufflot, et rue Toullier, 13

1900

THÈSE
POUR LE DOCTORAT

UNIVERSITÉ DE PARIS — FACULTÉ DE DROIT

LE PRÊT A INTÉRÊT

DANS L'ANCIENNE FRANCE

ÉVOLUTION DES DOCTRINES DE LA LÉGISLATION

THÈSE POUR LE DOCTORAT

L'ACTE PUBLIC SUR LES MATIÈRES CI-APRÈS

Sera soutenu le vendredi 15 juin 1900, à 8 heures 1/2

PAR

Jules FAVRE

LICENCIÉ ÈS LETTRES (PHILOSOPHIE)

AVOCAT A LA COUR D'APPEL

Président : M. DESCHAMPS.

Suffragants : { MM. CHÉNON, SOUCHON, } *professeurs.*

PARIS

LIBRAIRIE NOUVELLE DE DROIT ET DE JURISPRUDENCE

ARTHUR ROUSSEAU

ÉDITEUR

14, rue Soufflot, et rue Toullier, 13

1900

PRÉFACE

Ce n'est pas une histoire de l'usure ni des faits relatifs à l'usure que nous avons entreprise : c'est avant tout une étude des doctrines. Et comme il nous était impossible d'étudier en détail la foule innombrable des docteurs et des écrivains qui en ont parlé, nous avons choisi ceux d'entre eux qui nous ont paru offrir les aperçus les plus originaux, ou donner à ces aperçus un développement suffisant pour mériter un examen attentif.

Si l'on y prend garde, on verra que cette étude est consacrée, non pas seulement aux écrivains français, mais *aux influences qui se sont fait jour dans l'ancienne France*. Pour en bien marquer l'originalité, nous n'avons pas hésité à remonter jusqu'à leur source, même lorsque cette source était une source étrangère. Ce serait d'ailleurs n'avoir de l'ancien régime qu'une conception très incomplète, que de se l'imaginer, en littérature, comme exactement semblable au temps présent. Plus qu'aujourd'hui, les lettres étaient choses internationales. On écrivait en latin des livres qui tombaient aussitôt dans le domaine public, et faisaient rapidement le tour de la république des lettres. Lorsque, au xviiᵉ siècle, le français prit une place prépondérante en Europe, on traduisit dans cette langue les meilleurs ouvrages étrangers.

La France devint le centre du mouvement littéraire dans le monde. Toutes les idées y trouvèrent ainsi leur place.

Pour ces raisons et quelques autres encore, on pourrait peut-être nous reprocher de n'avoir fait aucune place aux canonistes proprement dits. C'est que les canonistes ne diffèrent pas des théologiens dans les grandes lignes de leurs doctrines. Du reste, ils n'offrent surtout un intérêt considérable qu'au point de vue des faits d'usure, et de l'interprétation des textes du droit canon.

Or ces textes, nous ne les avons pas étudiés pour eux-mêmes ni à un point de vue purement critique. Nous ne nous sommes servi du droit canon que pour expliquer les doctrines, et dans la mesure nécessaire pour en rendre l'interprétation facile.

Les casuistes, au contraire, nous ont arrêté, parce que, seuls, ils expliquent Pascal et Bossuet. Dans son traité de l'usure, Bossuet s'en prend ouvertement à Grotius ; mais qu'on ne s'y méprenne point ! En réalité ceux qu'il vise, par-dessus la tête de Grotius, ce sont toujours les casuistes, dont il fit censurer les doctrines à l'Assemblée du Clergé de 1700.

Si le droit canon eut sur l'évolution des doctrines l'influence énorme que nous avons marquée dans plusieurs chapitres ; en revanche, la législation civile ne fut qu'une pâle copie des prohibitions ecclésiastiques. Nous nous sommes contenté d'en esquisser rapidement les traits essentiels.

INTRODUCTION

Platon (Les lois, liv. V, traduct. Cousin) apporte dans la question de l'usure des préoccupations purement théocratiques. Son but avoué, c'est d'assurer le bonheur des citoyens, bonheur qui ne saurait exister en dehors de la vértu et de la justice, dans l'union la plus étroite du corps social. La justice exige l'établissement d'un ordre hiérarchique entre les divers objets qui sollicitent l'attention de l'homme : le premier est l'âme, le second est le corps, enfin « le troisième et dernier objet qui doive la fixer, ce sont les richesses justement acquises ». Mais, « dans une cité qui doit être exempte du plus grand des maux, je veux dire de la sédition, il ne faut pas que les citoyens soient les uns excessivement pauvres, les autres excessivement riches, parce que ces deux extrêmes mènent droit à la sédition. »

Pour épargner à sa cité ce dualisme anarchique d'une ploutocratie toute puissante et d'une plèbe séditieuse, Platon interdit sous les peines les plus sévères l'aliénation de la part du sol assignée à chacun, et il défend

de l'agrandir au delà du quadruple. « Une grande vertu
et de grandes richesses sont deux choses|incompatibles. »
Aussi pour prévenir une opulence trop facile à acquérir, Platon défend de « s'enrichir par de vils métiers,
par des *usures*, par des trafics honteux de bétail » ; il
n'admet que « le seul commerce des choses que produit
l'agriculture, et encore de manière que le soin de gagner des richesses ne fasse pas négliger l'âme et le
corps pour qui les richesses sont faites ».

ARISTOTE revient aux spéculations de Platon sur le
souverain bien. Pas plus que lui il ne sépare la politique de la morale : celle-ci domine toujours celle-là et
se la soumet étroitement.

Dans sa morale à Eudème, le philosophe distingue
trois genres de vie entre lesquels ceux qui en ont le
pouvoir doivent choisir.

Le plus parfait est celui du philosophe qui s'adonne
à l'étude de la sagesse et à la recherche du vrai. Le
second est celui du citoyen dont la vie toute entière
est consacrée aux actions droites et honnêtes. Enfin le
troisième est celui qui est consacré à la vie déréglée des
plaisirs. A ce dernier genre de vie appartiennent les
avares et les usuriers, que leur amour du gain rend
capables de toutes les actions mauvaises (Livre I, chapitre III).

Si l'on y prend garde, on retrouvera dans cette triple
division la distinction déjà faite par Platon des trois

objets qui se divisent l'attention humaine : la vie de l'âme, les soins du corps et enfin le souci des richesses. Toute la différence qui existe entre le maitre et le disciple, c'est que, pour Aristote, le soin d'acquérir des richesses appartient tout à la fois au second et au troisième genres de vie : au second quand ce souci est naturel, c'est-à-dire borné aux besoins de la famille, et au troisième quand il correspond à la vie déréglée des plaisirs et qu'il est artificiel, c'est-à-dire désordonné ou sans limites.

Mais à quels signes reconnaît-on les richesses tour à tour naturelles ou artificielles ? Platon avait distingué les biens acquis conformément à la justice et ceux qui ne le sont pas. Mais chez lui ce caractère licite ou illicite des acquisitions tient exclusivement aux prescriptions légales. Ces prescriptions sont dictées, il est vrai, conformément à ses principes aristocratiques, mais ce qu'il convient de noter, c'est que la division de Platon reste purement légale. Aristote, au contraire, pour donner une base plus solide à ses distinctions, veut fonder sur la nature même la raison d'être de ses prohibitions. Qu'entend-il exactement par le mot *nature* ? C'est une certaine observation des hommes et des choses à une certaine époque : c'est une vue de l'esprit sur un état particulier de la civilisation qu'on prétend ériger ensuite en règle de conduite (1).

---

(1) Les deux éléments qu'Aristote fait intervenir pour déterminer

Aristote demande donc aux peuples primitifs, ou qu'il croit tels, la règle de ce qui est ou non conforme à la nature. Il classe leurs occupations en trois grandes catégories : le pacage, la chasse (qui comprend en outre la pêche, le brigandage et la guerre) ; et enfin l'agriculture. Telles sont les différentes manières d'acquérir qu'il regarde comme naturelles. On comprend dès lors comment il affirme que l'esclavage est conforme à la nature (1). Dans cet état primitif, chaque famille se suffit à elle-même, et le troc n'intervient guère que dans des cas très rares. Cependant, avec l'établissement de la cité et la désagrégation des anciennes tribus, les échanges deviennent plus fréquents et plus nombreux, et l'on éprouve le besoin de découvrir un instrument d'échange plus commode que le troc : telle est l'origine de la monnaie, tel est son usage ou, si l'on préfère, sa nature propre.

ce qui est naturel et ce qui ne l'est pas, sont nettement indiqués au liv. VII, chap. I de sa Politique, § § 2 et 4. « En fait de richesses, de pouvoir ou de gloire, et d'autres choses de ce genre, les hommes ne savent point mettre de bornes à leurs désirs ; cependant nous leur dirons qu'à cet égard, il est facile de trouver *dans l'observation même des faits* une règle qui montre ce qu'il faut penser... ».

« Il est encore facile de s'en convaincre en ne consultant que *la raison*, car les biens extérieurs ont des bornes comme tout ce qui est instrument ou moyen... »

(1) Il est clair que le droit naturel des théologiens est une chose très différente de la nature d'Aristote. On n'imagine pas, en effet, que le brigandage et la guerre, qui étaient si honorés des anciens grecs, puissent paraître aux théologiens des occupations conformes au droit naturel et à la justice distributive.

Mais à côté de cet usage originaire, on découvrit bientôt un usage dérivé de l'or et de l'argent. Au lieu de rester exclusivement dans leur rôle d'intermédiaires des échanges. ils en devinrent la fin. Le commerce, en effet, sous toutes ses formes, se sert des marchandises comme d'instruments destinés à se procurer la monnaie. Les marchandises n'y jouent plus que le rôle de moyens, tandis que la monnaie y prend celui de fin. Ce renversement des rôles assignés primitivement aux objets et à l'argent apparaît aux yeux d'Aristote comme une chose artificielle ou contraire à la nature.

Mais il exècre par dessus tout cet autre emploi de l'argent qu'on appelle l'usure. La monnaie qui n'est dans le commerce que principe et fin des achats, devient ici tout à la fois principe, moyen et fin. Elle n'a plus besoin d'aide pour se reproduire : elle s'engendre et se reproduit d'elle-même. L'usure se sert donc de la monnaie d'une façon aussi contraire que possible à sa nature (1), c'est-à-dire à l'origine et à la raison d'être de son invention.

Telle est la théorie d'Aristote, qu'on devait reproduire durant tout le moyen âge, sans en comprendre exactement la portée et les limites. Parce qu'Aristote avait dit que l'usure est contraire à la nature, c'est-à-dire qu'elle est née d'une soif excessive de plaisirs, et que

---

(1) Aristote ne parle pas ici de l'usure des fruits ou du prêt en nature, à la différence de tous les docteurs du moyen-âge. Son raisonnement ne vaut donc que pour l'usure de la monnaie.

l'homme ne l'exerce que pour assouvir des besoins indéfinis au détriment de ses devoirs de citoyen et de philosophe, parce qu'il avait affirmé que l'usure détourne l'argent de sa destination primitive, les docteurs crurent marcher sur ses traces en faisant de l'usure un crime contre nature (1). Or, telle n'est pas la pensée d'Aristote, dont nous savons qu'on peut résumer en deux formules toute la doctrine : 1° La pratique du commerce, de tous les métiers sordides et surtout de l'usure, nous écarte de nos devoirs de philosophes et de citoyens. — 2° Aristote croit en découvrir la preuve dans ce fait que le commerce et l'usure renferment quelque chose d'artificiel et de contraire à la raison d'être de la monnaie.

La doctrine d'Aristote, il ne faut pas s'y méprendre, n'est plus entièrement dictée par une idée politique comme celle de Platon. Un préjugé de grand seigneur s'y ajoute qui la compromet singulièrement aux yeux des modernes. C'est, au fond, que seules la propriété foncière et la guerre (2) donnent des revenus respec-

---

(1) Ainsi entendu, le mot nature signifie quelque chose de fondamental et d'immuable dont la violation constitue un crime ; tandis qu'il n'est nullement contraire à la nature de donner à l'argent deux emplois au lieu d'un seul ; pas plus qu'on ne commet une faute si l'on détourne le sens d'un mot de son |acception originelle pour exprimer des idées nouvelles.

(2) « C'est exclusivement à la nature à donner le premier fonds. C'est à la nature à assurer la nourriture à l'être qu'elle crée... Voilà pourquoi les fruits et les animaux forment un fonds naturel que tous les hommes savent exploiter ». Traduct. Barthelémy Saint-Hilaire, Polit., page 36.

tables et dignes de considération. Et comme ces revenus
ne peuvent suffire à la vie du philosophe et du citoyen
que s'ils sont élevés, il s'ensuit qu'Aristote ne nous
donne ici qu'un précepte de parvenu et d'aristocrate
nanti. Sa morale suppose la division de la cité en
classes avec le mépris complet des occupations de la
dernière classe. Pour tout dire d'un mot, Aristote se
préoccupe surtout de nous prémunir contre l'avilisse-
ment des métiers tel qu'il apparaît à son tempérament
aristocratique. Aristote a le dédain absolu des esclaves,
des fonctions sociales et des métiers qui en relèvent (1).

Supprimez l'esclavage et honorez le travail sous toutes
ses formes. dès lors la théorie d'Aristote perdra sa
raison d'être dans ce qu'elle a d'étroit, c'est-à-dire d'original par rapport à Platon. On ne dira plus que le commerce et l'usure sont des moyens artificiels de se procurer les biens, mais on pourra toujours craindre qu'ils
n'amollissent la cité et n'accumulent des richesses
capables de rompre l'équilibre social. On pourra donc
songer à les règlementer par des vues politiques, moins
étroitement sans doute que ne l'a fait Platon, mais
assez cependant pour que son principe reçoive ici une
éclatante sanction.

(1) « Parmi les diverses espèces d'occupations et de professions...
les plus serviles sont celles qui exigent exclusivement l'emploi
des forces corporelles ; enfin les plus viles, celles à l'exercice desquelles la vertu ou force morale est le moins nécessaire. » Politique. Liv. I, chap. IV, nº 3, traduct. Thurot.

Les Pères de l'Église. — C'est dans la nature de l'homme et dans le caractère de l'institution de la monnaie qu'Aristote avait cru découvrir les raisons de condamner l'usure ; c'est dans ses effets malfaisants, c'est dans la violation flagrante de la charité due au prochain que les Pères en étalent l'iniquité. Assurément ils n'ignorent pas les théories d'Aristote auxquelles ils font de fréquentes allusions (1) ; mais ce sur quoi ils insistent avant tout, c'est sur cette idée de charité ou de justice chrétienne qui doit assurer la sanctification (2). Les Pères grecs et latins sont tous d'accord sur ce point.

Que nous impose donc l'exercice de la justice chrétienne à l'égard du prochain ? De partager nos biens avec ceux qui en manquent : « Gardez-vous, nous dit saint Ambroise, de prélever une usure sur votre frère, c'est-à-dire sur celui avec qui vous devez partager vos biens (3) ». Pour ce Père, c'est une injustice criante que de gaspiller ou de faire servir à nos plaisirs des biens dont nous n'avons pas besoin et qui appartiennent aux indigents. « Que personne, dit-il, ne parle du

---

(1) Cf. saint Basile sur le ps. 14, saint Grégoire de Nysse : Homélie 4 sur l'Ecclésiaste, etc.

(2) Ezéchiel, XVIII, 26. — Pet. III, 18. — Clem. Alex.: Stromat. lib. II, 15. — Orig. in psalm. 36, — Lactantii, instit. lib. V, cap. VI, etc. — Les Alexandrins entendent également ce mot de justice dans un sens différent de la justice commutative. Cf. Porphyr. *de animal. non necandis*, Lib. IV, etc. De même Platon, pour qui la justice est la vertu par excellence.

(3) *Liber de Tobia*, cap. XIV.

sien : la terre est commune à tous les hommes (1) ».

Selon saint Anselme (2), qui résume ici tous les Pères, la terre appartient également à tous les hommes comme l'eau, et comme la chaleur du soleil que Dieu nous départit gratuitement.

C'est toujours au nom de cette charité que saint Grégoire de Nysse invite ses concitoyens à ne pas fouler aux pieds les droits de l'humanité, à ne point préférer notre argent au prochain : « *Cum homo sis, ama homines, non pecuniam* (3) ». Nous devons donc partager notre fortune avec les pauvres.

Mais ce serait une grave erreur que de voir dans ces Pères des précurseurs du communisme moderne. Les Pères ne sont rien moins que des révolutionnaires. Ils ne songent pas à modifier l'organisation sociale ni la constitution juridique des biens. Ce qu'ils veulent, c'est nous rappeler que nous ne sommes pas les propriétaires de ces biens dont Dieu ne nous a confié la garde que pour nous en faire les dispensateurs. Si nous nous attribuons ces biens à nous-mêmes, nous commettons un vol et une rapine contre la justice divine (4), mais dont la sanction ne relève point de la justice humaine. Ce n'est pas une constitution nouvelle que les Pères appor-

---

(1) *Sermo* LXXXI.
(2) *Homilia in Lucam. Opera, Coloniæ,* 1673.
(3) *Homilia 4 in Ecclesiasten.*
(4) Saint Basile : *Homil. in Lucæ : Destruam horrea mea et majora ædificabo.*

tent au monde, mais une doctrine morale inconnue des anciens ; ils enseignent, non des lois, mais des vertus.

Si l'aumône est pour tous les chrétiens une obligation fondamentale, à plus forte raison en est-il ainsi du prêt. Tous les Pères nous répètent à l'envi : « Ne détournez pas votre visage de l'emprunteur » (1). « Le chrétien, nous dit saint Ambroise, doit donner son argent quand il en possède, et sans espoir de retour ; ou du moins il doit n'en recouvrer que le sort » (2). Nous devons donc prêter gratuitement ; et pour laisser à notre prêt toute son utilité, saint Augustin veut que nous accordions au débiteur des délais suffisants, afin qu'il puisse nous rembourser sans dommage (3).

Une telle doctrine, toute de renoncement et de charité, devait heurter bien des préjugés, et coaliser toutes sortes d'intérêts au sein de cette société corrompue des premiers siècles de l'ère chrétienne. Les usuriers, qui forment dans l'empire une classe très influente et très considérée, se répandent en plaintes et en menaces. Saint Chrysostome reconnaît qu'il ne peuvent se faire à ses paroles. C'était leur existence, en effet, qu'on mettait en jeu avec leur profession : aussi accusent-ils les Pères de malveillance et d'envie. Ils menacent de fermer leur bourse aux pauvres : et les Pères de crier à

____

(1) Saint Basile, *in psalm.* 14. — Saint Ausustin, lib. L, homil. 48. — Saint Ambroise. *Liber de Tobia,* cap. XII et XIII.
(2) *Liber de Tobia,* cap. XXIII.
(3) Liber L, homil. 58.

l'impudence, à l'inhumanité et à l'injustice des riches.
En vain déclarent-ils qu'ils ne pourront trouver ailleurs
de quoi vivre ; saint Augustin se montre impitoyable, et
leur signifie qu'un brigand pris à la gorge ne lui tien-
drait pas un autre langage.

Ces invectives et d'autres encore n'offrent rien
d'extraordinaire si l'on prend soin de les replacer dans
le milieu où elles se produisirent, et si l'on se rappelle
les circonstances qui leur donnèrent naissance.

La plèbe romaine, habituée depuis de longs siècles
aux distributions gratuites, avait fini par déserter le
travail. Lorsque les empereurs quittèrent Rome pour
aller à Constantinople, les faveurs accordées à la foule
furent réduites. Elles devinrent bientôt insuffisantes : il
fallut y suppléer par le travail ou par l'emprunt. On
comprend dès lors à quelles dures extrémités les prêts
devaient faire face. Ce n'étaient pas des prêts d'accroissement ou de commerce, puisque les Romains avaient
désappris l'agriculture et le commerce, c'étaient des
prêts de consommation destinés à subvenir aux plus
pressants besoin de la populace.

Dans les années de famine qui suivirent l'invasion
d'Alaric en Italie, et des Vandales en Afrique, Rome ne
connut plus les distributions de blé qu'à de rares inter-
vales. Les empereurs qui n'avaient plus à redouter les
séditions d'une foule turbulente et affamée, abandon-
nèrent l'Italie à son malheureux sort. Les productions

de l'Égypte désapprirent la route de Rome pour celle de Constantinople.

Ce fut alors que le fléau prit des proportions effroyables. Les usuriers, ou banquiers de l'époque, élevèrent leurs exigences à des limites extrêmes. Saint Jérôme nous apprend que de son temps, on prêtait communément au taux de 50 pour 100. Ceux qui se piquaient d'équité n'exigeaient que 25 pour 100 (1).

Comme à toutes les époques de décadence, nous apercevons aussi une jeunesse dorée qui ne recule pas devant l'emprunt pour satisfaire ses plaisirs, et qui escompte à l'avance la succession paternelle. C'est particulièrement sous cette forme que le fléau sévit à Constantinople et dans les provinces d'Asie. Saint Grégoire de Nysse nous fait, dans son sermon contre les usuriers, un tableau saisissant des artifices de toute sorte employés par eux pour aider encore à cette corruption. La perversion des usuriers est telle. qu'ils en sont venus à considérer comme un gain la ruine des autres, et comme une perte tout ce qu'ils n'ont pu leur ravir. Bref, ils mènent les peuples à la ruine.

Comment s'étonner alors qu'en présence de tant de calamités, les Pères se soient laissés emporter par une indignation trop légitime ? Comment ne pas voir, avec saint Augustin, que cette usure qui égorge le pauvre est plus coupable que le vol exercé contre le riche (2).

(1) *In cap.*, XVII, *Ezech.*
(2) *Epist. 54 ad Maced.*

Qu'il vienne d'un prêt d'argent ou d'un prêt en nature, le profit de l'usurier est prélevé sur les besoins du pauvre, sur sa nourriture, sur son pain (1) ; sa fortune est faite de sa misère (2). Ce ne serait encore que demi-mal, si l'usure se contentait simplement de retrancher une partie du nécessaire. Mais elle amène par ses excès le bannissement et l'esclavage. Bon nombre de ces infortunés débiteurs se pendent ou se noient de désespoir (3).

Pour acquitter les dettes du père, les usuriers mettent son fils en vente. D'autres fois ce sont les pères eux-mêmes qui ont recours à cette extrémité (4).

Devant le spectacle de tant de misères, les Pères de l'Église avaient le devoir de s'indigner et d'en flétrir la cause. Qu'on leur reproche, si l'on veut, un mélange hétérogène de raisons et d'arguments, et un oubli parfois regrettable des distinctions nécessaires, qu'importe ! Les Pères n'étaient pas des juriconsultes ou des hommes politiques, c'étaient des apôtres et des orateurs. Ils s'inquiètent beaucoup plus de frapper fort que de frapper juste. Pourvu qu'ils éveillent un peu de compassion et de charité au sein des âmes vénales, leur but est atteint. Ils étaient convaincus, du reste, que la profession d'usurier était inutile et même dangereuse

(1) *Liber de Tobia,* cap. VIII.
(2) Grégoire de Naz., *orat.* XV.
(3) *Liber de Tobia,* cap. VIII.
(4) *Liber de Tobia,* cap. VIII.

à l'État (1). Tout autre emploi de l'argent leur aurait paru meilleur, non seulement parce que l'exploitation des malheureux aurait pris fin, mais parce que ces capitaux placés dans l'agriculture et le commerce, leur semblaient devoir ramener l'abondance au sein de l'empire. Ils n'avaient donc pas assez d'opprobres et d'invectives contre les usuriers, contre ces malfaiteurs publics qui, pour ne pas se soumettre aux chances de gains toujours aléatoires du commerce et de l'agriculture, désertaient ces occupations utiles pour donner à leur argent un placement plus lucratif.

Des économistes modernes ne manqueraient pas de reprocher aux Pères le caractère dangereux de leur enseignement. Vouloir imposer le prêt gratuit, c'est en réalité vouloir supprimer le crédit et entraver le commerce. Nous avons vu que, les Pères loin de vouloir entraver le commerce et les travaux utiles à l'État, prétendaient au contraire diriger de ce côté l'activité des usuriers, et donner à leurs capitaux un emploi plus fécond que le prêt de consomption. A une époque où la division du travail n'existait guère et où le commerce était localisé, le prêt à usure présentait une foule d'inconvénients, sans aucune compensation réelle. Fait au pauvre, il se terminait toujours par une expropriation, car il permettait à ce dernier d'user de toutes sortes d'expédients avant de s'avouer ruiné. Fait au riche, il le poussait

____

(1) Grégoire de Nysse : *Contra usurarios.*

également à la ruine, et donnait naissance à une foule
de mécontents, toujours prêts à chercher dans la guerre
civile des moyens de retrouver leur splendeur perdue.

La suppression d'un crédit excessif à l'égard des pauvres entrait donc dans les vues des Pères de l'Église :
aussi encouraient-ils de la part des usuriers de l'époque
le reproche de se montrer malveillants envers les indigents. En effet, à ceux qui allaient partout avec ces mots
à la bouche : comment vivre sans emprunt ? Saint Basile disait : « Vous avez des mains, vous connaissez
un métier : travaillez donc pour recevoir le prix de votre
travail. Offrez vos services pour gagner un salaire. Que
de manières, que d'occasions n'y a-t-il pas de gagner
sa vie ! Pour vivre, la fourmi n'implore ni n'emprunte ;
les abeilles nous font même présent de la nourriture
qu'elles ont en trop. Cependant la nature ne leur a
donné ni mains, ni métier ; et vous qui êtes un homme,
un animal industrieux, vous ne trouvez pas un seul
emploi pour votre vie (1) ! »

C'était donc avec des raisons économiques de premier ordre que les Pères cherchaient à secouer la tor-
peur de cette société décadente, et qu'ils répondaient à
la double critique des usuriers qui les accusaient de
se montrer jaloux de leurs richesses et mal intention-
nés à l'égard des pauvres, Aux premiers ils disaient :
Vous menez l'État à sa ruine ; aux seconds : Travaillez

______

(1) Saint Basile *in psalm*. 14.

pour vous soustraire à la misère. Et ici encore ils ne se montraient rien moins que les précurseurs des communistes modernes. Pour arracher les usuriers à leur avarice et les malheureux à leurs souffrances, ils faisaient appel, non pas au remède révolutionnaire du partage des biens, mais à la loi du travail obligatoire pour tous.

Est-ce à dire pourtant qu'ils condamnaient l'usure au point de vue de la justice légale ? Il s'en faut ! Si les Pères voient dans l'usure, c'est-à-dire dans tout ce qui passe le sort, une faute contre le salut ou contre la perfection chrétienne, ils savent bien que cet inconvénient n'est pas le privilège spécial de l'usure en tant qu'usure. Saint Chrysostome met sur le même rang que l'usure le commerce, l'achat des esclaves et des meubles, l'acquisition des maisons et des champs (1). Et « plût à Dieu, dit-il, que vous puissiez vous en tenir là ! Mais lorsque, à ces choses intempestives, vous ajoutez l'in-

---

(1) C'est aussi l'opinion de Platon au liv. V des lois.

Voici la traduct. latine du passage de saintJean Chrysostome : « *Quando ergo poteris vel unum ipsius implere praeceptum, cum missis omnibus circumeas, usuras colligens, fenus fenori addens, negotiationes instituens, servorum greges emens, argentea vasa comparans, agros, domos, suppellectilem immensum?* » (*Hom.* XV, *in Matth.*, n° 8, t. VII, p. 198, édit. des Bénédictins). Au fond, ce que saint Jean Chrysostome blâme ici, c'est le souci exagéré des richesses, et leur soif infinie. Pour lui comme pour Platon, « une grande vertu et de grandes richesses sont deux choses incompatibles ». Lois, liv. V. Voyez (République, liv. 1) ce qu'il convient de considérer, avec Platon et les plus illustres de ses contemporains, comme un souci raisonnable d'amasser des richesses.

justice..., quand donc pourrez-vous franchir les sacrés parvis ? » L'usure n'est donc qu'une chose intempestive qui nous détourne de notre salut, mais qui nous en détourne comme toutes les occupations de la vie courante, sans comporter, pour cette raison, une injustice particulière. De même chez Tertullien (1).

Saint Jérôme ne condamne pas davantage comme tel le prêt à usure ; s'il le condamne, c'est dans le cas où ce prêt est fait à un pauvre : mais il le condamne alors, même s'il s'agit d'un prêt de reproduction. Voici, au sujet d'un prêt de semailles, la distinction qu'il propose à l'usurier (2) : « *Respondeat enim nobis breviter fœnerator misericors utrum habenti dederit an non habenti : si non habenti, utique dare non debuerat : sed dedit quasi non habenti : ergo quare plus exigit quasi ab habente ?* » Bref, quand il s'agit d'un riche, le prêt n'est pas obligatoire : on peut donc stipuler une rémunération équitable pour le service rendu. Mais s'il s'agit d'un pauvre, la charité nous impose le prêt gratuit.

(1) *De Idololatria. — Contra Marcionem*, lib. IV, *in Luc*. Dans ce dernier endroit, Tertullien nous dit encore que le rôle de Moïse et de Jésus était de conduire les hommes à la perfection. Moïse apprit aux hommes à sacrifier le fruit du prêt, et Jésus acheva cet enseignement en nous invitant à sacrifier même le capital.

De même saint Jérôme (*in Ezech. cap.* XVIII) : La perfection chrétienne comporte trois degrés :

1° Ne rien exiger de ses *frères* au-dessus du sort ;

2° Ne rien exiger de *personne* au-dessus du sort ;

3° Prêter sans espoir de retour. Et ces trois degrés correspondent à l'enseignement progressif de Moïse, des Prophètes et de Jésus.

(2) *In Ezech. cap.* XVIII.

Les petits marchands eux-mêmes ne sont pas exceptés de cette mesure de charité obligatoire. Saint Ambroise veut qu'on prête gratuitement au petit commerce de détail, nécessaire pour subvenir aux besoins de la famille et sur lequel on ne réalise aucun profit (1). A qui, en effet, ne doit-on point réclamer l'usure? A celui à qui il serait dur de réclamer même ce qu'on lui a prêté, *à moins qu'il n'ait de quoi la payer.*

C'est encore l'opinion de saint Basile, qui accepterait volontiers l'usure, pourvu qu'elle ne fut point ruineuse (2). A cette objection que l'usure en général n'entraîne pas nécessairement la misère, voici ce qu'il répond : « Vous ne considérez que *ceux qui en ont profité pour s'enrichir*; mais ceux qui se sont pendus, que ne les comptez-vous (3) » ?

Il est donc bien évident que la doctrine des Pères, si elle comdamne l'usure au nom de la perfection chrétienne, et si elle la condamne encore au nom de la charité due au prochain, ne la condamne pas cependant au nom de la justice commutative ou de la justice des contrats. C'est ce que nous allons achever d'établir dans le chapitre premier consacré au droit canonique ancien.

(1) Liber de Tobia, cap. XIV.
(2) In Psalm. XIV.
(3) Saint Basile in psalm. XIV.

BIBLIOGRAPHIE DES PÈRES

La plupart de ces textes sont rapportés tout au long dans le t. II du
Prêt de commerce du cardinal de La Luzerne.

Saint Basile, edit. Bened., t. I, p. 107 et seq. In partem psalmi
XIV; contra fœneratores : homilia in Lucam, t. II, p. 47 ; t. II,
p. 65 et 66. — Epist. 107, 108, 109, t. III, p. 200. — Epist. ad
Amphil. canon 14, t. III, p. 275.

Saint Grégoire de Nysse ; Opera, edit. Morelli, oratio contra
usurarios, t. II, p. 225 et seq. — Homilia IV in Ecclesiast., t. I,
p. 410.

Saint Grégoire de Nazianze, edit. Bened., de plaga grandinis,
nᵒ 18, t. I, p. 318.

Saint Jean Chrysostome, edit. Bened., homilia in cap. 17, Gen.
t. IV, p. 413. — Homil. V in Matth,, nᵒ 5, t. VII, p. 82. — Hom.
XV, nᵒ 8; LVI, nᵒˢ 5 et 6 ; LXVI, nᵒ 5, in Matth., t. VII, p. 198,
572, 660. — Auctor operis imperf. in Matth. homil. XII, in cap. V.
et XXXVIII in cap. XXI, t, VI, p, 70 et seq. et 159.

Saint Ambroise, edit. Bened., liber de Tobia, t. I, p. 591 ; de
Officiis, lib. III, cap. 3, t. II, p. 112.

Tertullien, edit. Rigalt, Contra Marcionem, cap. XVI et XVII,
p. 429 et 430.

Saint Cyprien, edit. Bened., De lapsis, p. 183.

Saint Jérôme, edit. Bened , comment. in Ezech. cap. XVIII et
XXII, t. III, p. 819-823, 850. — Comment. in Matth , cap. XXI,
lib. 3, t. IV, p. 96. — In psalm. XIV, t. II, p. 159 et seq., in
ps. LIV, p. 261.

Saint Augustin, edit. Bened., epist. 153 an Maced., n° 25, t. II, p. 534. -- Locutions in Deut. 42. t. III, p. 367. — Quaest. 21 in 'Deut.. t. III, p. 564. — Enar. in ps. 36, serm. 3, n° 6, t. IV, p. 285. — Enarr. in psalm. 54, n° 14, p. 508 ; in ps. 128, n^{is} 5, 6, 7, 8, p. 1450. — Sermo 28, cap. VI, n. 8, t. V, p. 197, 81, n^{is} 3 et 4, p. 457 ; 113, n^{is} 2 et 3, p. 568 ; 239, n. 5, p. 999 ; 259 n° 4, p. 1063 ; 357, p. 1393. — De baptismo lib. IV, cap. 2, n. 2, t. IX, p. 122 ; et cap. IX, n. 12, p. 128.

Lactance, edit. Langlet du Fresnoy, Div. Instit. lib. VI, cap. XVIII, t. I, p. 483.

Saint Léon, edit. Cacciari, Rome 1753, de jejunio X^i mensis, cap. 2, 3, 4, t. I, p. 33. — Epist. III ad episc. per Campaniam, etc., t. II, p. 23.

Saint Grégoire le Grand. edit. Bened., Homilia IX in evang. n^{is} 3 et 4, t I, p. 1465. — Epist lib. IX, epist. 38 Anthemiae subdiacono, t. II, p. 955.

Sidoine Apollinaire, edit. Savaro, Paris, 1689, p. 601 et seq.

PREMIÈRE PARTIE

CHAPITRE PREMIER

L'USURE ET LE DROIT CANONIQUE ANCIEN

Les Évangiles. — Les Actes des Apôtres. — Les canons des Apôtres.
— Clément Romain. — Les premiers Conciles. — L'Église grecque
(Photius, Balsamon).

Il faut remonter jusqu'à l'enseignement évangélique
pour embrasser d'une vue nette la série entière des
doctrines relatives à l'usure au sein de la tradition
chrétienne. Procéder autrement serait s'exposer à méconnaître certaines idées ou certains faits dont il est indispensable de marquer le sens et la portée d'une manière
aussi précise que possible.

Jean-Baptiste. — Les premiers linéaments d'une
solution de ce problème se rencontrent déjà dans l'enseignement de saint Jean-Baptiste au désert. On remarquait, dans la foule de ceux qui venaient lui demander
le baptème, ces riches publicains, opprobre de la Judée,

qui cumulaient tout à la fois les fonctions de receveurs
des impôts et de banquiers, dans les provinces soumises
au peuple romain. Ils demandent à Jean de leur tracer
une ligne de conduite. Et voici la réponse de ce dernier :
N'exigez « rien de plus que ce qui vous est attribué (1) ».
En d'autres termes, il leur recommande de ne pas frauder
sur le montant du tribut ni sur le taux légal des usures.

JÉSUS. — Jésus n'a pas laissé de prescriptions spéciales au sujet de l'usure. Il semble bien si l'on s'en
rapporte aux principes généraux de sa doctrine, qu'il
ait voulu laisser aux législateurs humains une entière
liberté de décision à cet égard. Soit qu'il déclare que son
royaume n'est pas de ce monde (2), soit encore qu'il se
refuse à prendre le rôle d'arbitre dans un partage de
biens (3), il apparaît comme entièrement étranger aux
conventions particulières et aux intérêts terrestres. Il a,
au sujet des richesses, des principes frappants de simi-
litude avec ceux de Platon. Les biens sont pour lui
choses accessoires et même négligeables : ils ne méritent pas de fixer le but de la vie qui est beaucoup plus
élevé : « *Videte et cavete ab ommi avaritia, quia non
in abundantia cujusquam vita ejus est ex his, quæ possi-
det* (4) ». Ce but de notre vie est la perfection divine (5)

____

(1) Luc, III, 12-13.
(2) Saint Jean, XVIII, 36.
(3) Saint Luc, XII, 13.
(4) Saint Luc, XII, 15.
(5) Saint Jean, XIII, 15. — Saint Luc. VI, 36.

résumée toute entière dans le double précepte de l'amour de Dieu et de l'amour universel du prochain : « Aimez vos ennemis, dit Jésus, faites-leur du bien, et prêtez sans en rien espérer ; et vous serez les fils du Très-Haut ; car il se montre bienfaisant ponr les ingrats et pour les méchants (1) ». Supérieur à Platon lui-même, Jésus propose à ses disciples une abnégation complète, non seulement de leurs biens, mais encore de leurs personnes.

Est-ce à dire que Jésus ne tienne aucun compte des nécessités temporelles, et qu'il prêche une doctrine anti-sociale ? Ce serait oublier qu'il a compté au nombre de ses amis des publicains fameux comme Zachée et Matthieu. Bien plus, il a fait allusion à leurs pratiques dans la parabole des talents, sans trouver un seul mot de blâme à leur adresse. Il condamne même le mauvais serviteur qui n'a pas su confier son talent à une banque, d'où le père de famille l'aurait retiré à son retour avec les usures échues. Il faut donc entendre l'enseignement de Jésus de la manière suivante :

Les occupations du monde, de quelque nature qu'elles soient, nous détournent de la perfection et du salut. Le prêt est une de ces occupations mondaines. N'imitez donc pas les pécheurs qui ne songent qu'à leurs affaires temporelles, et qui ne prêtent à leurs amis que dans l'espoir de retrouver la pareille. Voulez-vous

____

(1) Saint Luc, VI, 35.

être parfaits : si vous prêtez, ne vous mettez pas en peine de recouvrer ce que vous avez prêté ; si vous avez des biens, vendez-les pour en distribuer l'argent aux pauvres.

Jésus cependant connaît notre faiblesse. Il sait que le nombre des élus est faible, et que ce haut idéal de perfection qu'il propose à tous doit rester le lot d'une petite élite. S'il condamne le monde en général avec ses faux principes et sa justice étroite, il se montre à l'égard de la foule d'une pitié et d'une tolérance infinies. Il se mêle aux petits et aux humbles, sans jamais les contraindre, sans jamais ajouter à leurs souffrances et à leurs misères des prescriptions impossibles à observer. Sa doctrine ascétique de la perfection est toute fondée sur l'amour et sur la liberté.

Les Actes des Apotres. — Une des premières difficultés soulevées dans l'Église chrétienne, fut celle des observances légales. Tandis que Paul et Barnabé se prononçaient en faveur de leur suppression à l'égard des gentils récemment convertis, les chrétiens recrutés chez les pharisiens prétendaient imposer à tous la circoncision et les autres rites mosaïques (1).

Le concile de Jérusalem, rassemblé d'un commun accord pour trancher le différend, se prononça sans

---

(1) Chap. XIV et XV. — 2. § § 28 et 29 : *Visum est Spiritui sancto et nobis, nihil ultra vobis imponere oneris quam haec necessaria.*

Ut abstineatis vos ab immolatis simulacrorum, et sanguine, et suffocato, et fornicatione.

hésiter pour la suppression de ces pratiques. Il se contenta de maintenir quelques règles indispensables à l'existence même du christianisme naissant. Il défendit de manger la chair des animaux immolés aux dieux ou étouffés, et de boire leur sang ; enfin la seule espèce de profit interdite aux chrétiens fut le profit qui résulte du métier de courtisane. De l'usure, il n'en fut pas question. Elle rentrait donc dans cette catégorie de prescriptions dont le concile jugea à propos de décharger les premiers chrétiens (1).

LES CANONS DES APOTRES. — Ces canons, qui remontent à une haute antiquité (1), reprennent en détail les prescriptions du concile de Jérusalem, et les traditions primitives, dont ils ne s'écartent guère. L'usure n'y est point oubliée. Le canon X enjoint « aux évêques, aux prêtres et aux diacres qui s'adonnent à l'usure, de cesser leurs pratiques sous peine de déposition ».

Le but de ces canons est de sauvegarder la dignité des fonctions ecclésiastiques, en édictant un certain nombre d'incompatibilités. Aussi la défense de l'usure n'est-elle qu'une application particulière du principe général renfermé au canon XLI, que « ceux qui servent à l'autel doivent vivre de l'autel ».

SAINT CLÉMENT ROMAIN (91-100). — Ce pape revient

______

(1) Nous acceptons la tradition en vertu de laquelle Clément Romain serait le rédacteur des canons des Apôtres.

encore sur l'incompatibilité des fonctions séculières et des fonctions ecclésiastiques. Dans ses Constitutions apostoliques (liv. II, ch. VI), il interdit aux évêques, non seulement les professions mal famées, mais encore toutes les professions libérales, comme la profession d'avocat, et toutes les fonctions publiques, ainsi que les honneurs et les dignités. Aux prêtres et aux diacres il ordonne de se renfermer étroitement dans les occupations de leur ministère. Les diaconesses elles-mêmes (liv, III, ch VII), ne doivent pas se procurer de ressources étrangères à celles de l'Église.

Dans ces divers passages, la défense de l'usure ne nous est présentée que comme un cas particulier de la défense plus générale imposée aux évêques, aux prêtres et aux diacres, de s'immiscer dans les affaires séculières, L'usure ne nous y apparaît pas comme une faute en soi, mais comme une institution dangereuse et une profession déshonorante pour le clergé.

Ces interdictions furent d'ailleurs très mal observées dans les siècles suivants. Au III⁰ siècle de l'ère chrétienne, les évêques et les clercs de tout ordre étaient revenus aux occupations de la vie séculière. S'il faut en croire Saint Cyprien, jamais la discipline ecclésiastique n'avait reçu d'aussi graves échecs qu'aux environs de l'an 250. « La foi intégrale et la piété manquaient aux prêtres. C'étaient des hommes sans entrailles, aux mœurs corrompues, capables de se parjurer et d'afficher pour leurs supérieurs le plus orgueilleux dédain. Quant aux évêques, dont la vie doit être pour tous un vivant exemple de toutes les vertus, la plupart d'entre eux méprisent leur saint ministère et lui préfèrent les occupations séculières. Ils abandonnent leur chaire et leur troupeau pour courir les foires provinciales, à l'affût de toutes négociations lucratives. Ils négligent de porter secours à leurs frères affamés : leur unique souci est de se procurer beaucoup d'argent. Aussi dressent-ils toutes sortes d'embûches pour s'emparer du bien d'autrui. Ils prêtent à intérêts composés...» (*de lapsis*, cap, VI).

Dès que l'ère des persécutions fut close, le premier soin des conciles fut de restaurer partout la discipline et de remettre en vigueur les prescriptions des temps apostoliques.

Le Concile d'Elvire. — Ce concile, tenu en l'an 305, étend la défense de l'usure à tous les clercs sans exception, et non plus seulement aux évêques, aux prêtres et aux diacres. La peine portée contre les délinquants est celle de la déchéance (1) (Labbé, t. I, p. 977).

Le concile d'Arles (314), punit seulement de l'excommunication les ministres du culte qui se livrent à

____

(1) Canon XX : « *Si quis clericorum detectus fuerit usuras accipere placuit degradari et abstineri.*

Si quis etiam laïcus accepisse probatur usuras, et promiserit correptus se jam cessaturum, nec ulterius exacturum, placet ei veniam tribui. Si vero in ea iniquitate duraverit, ab Ecclesia sciat se esse projiciendum.

Il faut regarder comme apocryphe la seconde partie de ce canon dont il n'est fait mention par aucun contemporain, et que Gratien n'eût pas manqué d'insérer dans son décret avec les l'usure. Pour justifier cette mesure, le concile déclare se conformer à la règle divine de l'institution sacerdotale, soit qu'il fasse allusion au sacerdoce juif sur lequel le sacerdoce chrétien fut calqué aux origines, soit encore qu'il se reporte par la pensée aux diverses prescriptions du Canon des Apôtres (canon XII) (1). (Labbé, t. I, p. 1428).

Le concile de Laodicée (325), tenu à la veille du concile de Nicée, reproduit la même défense que le concile précédent, en ce qui concerne les évêques, les prêtres et les diacres (canons IV et V). (Labbé, t. I, p. 1510).

Ces trois conciles d'Elvire, d'Arles et de Laodicée n'étaient que des conciles provinciaux, dont l'autorité ne dépassait pas des limites assez restreintes. Mais avec le concile de Nicée, le premier des conciles œcuméniques, nous allons trouver une règle uniforme pour toute l'Église, et dont l'autorité est encore acceptée de nos jours par toutes les églises grecques d'Orient.

Le concile de Nicée (325). — La prohibition de

autres passages relatifs à l'usure. Il est facile de voir que cette partie du canon ne fut insérée à la suite du texte original qu'à l'époque où les papes, devenus tout puissants en Occident, eurent généralisé l'interdiction de l'usure.

(1) Voici comment, d'après certains canonistes des xviie et xviiie siècles, il faudrait décomposer le texte de ce canon (*De ministris qui fœnerantur placuit eos juxta formam divinitus datam a communione obstineri*) : 1º La loi divine défend l'usure; 2º On ne punit que l'usure des clercs, parce que seuls les clercs connaissent la loi divine, et que les laïcs sont censés l'ignorer.

C'est là une pure pétition de principe fondée sur une ignorance absolue des antécédents historiques du concile.

l'usure y est reprise au canon XVII ainsi conçu : *Quoniam multi sub regula constituti, avaritiam et turpia lucra sectantur, oblitique divinæ scripturæ dicentis : qui pecuniam suam non dedit ad usuram, mutuum dantes centesimas exigunt; juste censuit sancta et magna synodus, ut si quis inventus fuerit post hanc definitionem usuram accipiens; aut ex adinventione aliqua, vel quolibet modo negotium transigens, hemiolia exigens, vel aliquid tale prorsus excogitans turpis lucri gratia, dejiciatur a clero, et alienus existat a regula* (1) (Labbé, t. I, p. 1418).

Une première innovation de ce concile, c'est qu'il étend à tous les clercs sans exception la prohibition du concile d'Elvire, que le Canon des Apôtres et le concile de Laodicée avaient limitée aux évêques, aux prêtres et aux diacres. Désormais tous les clercs sont mis en demeure d'opter entre la déposition et l'abandon des métiers déshonorants.

En revanche, le concile, moins sévère que le pape

---

(1) Selon l'opinion la plus répandue, la centésime est l'usure au taux de 1 0/0 par mois ou de 12 0/0 par an.

Saumaise prétend contre toute vraisemblance que la centésime ne s'appliquerait qu'aux taux de 1 0/0 par an.

L'hémiole est l'usure perçue dans le prêt en nature. Les auteurs ne sont pas d'accord sur sa quotité. D'après son étymologie, elle signifie *la moitié du tout* ou *la moitié et le tout*. Par ce mot *tout*, on entend ou le capital, ou la centésime. De sorte que l'hémiole désigne tour à tour, selon le caprice des auteurs, l'usure aux taux respectifs de 150, de 50, de 18 et de 6 0/0. Nous préférons pour notre compte adopter le taux de 18 0/0. Cf. Dumoulin : Tract. contract. n° 37; Saumaise : De modo usurarum, cap. VIII.

Clément, ne comprend dans sa formule que les gains méprisables et les professions sordides appelées par les anciens *illiberales artes*. Il se contente d'interdire au clergé les affaires et le négoce, ainsi que le maniement de l'argent et la banque ; mais il ne dit rien des professions libérales que le clergé grec continuera d'exercer pendant de longs siècles dans tout l'empire d'Orient.

Le but avéré du concile est de mettre fin aux excès de toute sorte qui avaient affaibli la discipline, et dont Cyprien, 75 ans plus tôt, nous a tracé le plus sombre tableau. Non seulement il interdit l'usure oppressive, mais encore l'usure légale permise au reste du monde. Et l'usure n'est ainsi nommée que comme un exemple de ces *turpia lucra* absolument incompatibles avec la cléricature (1).

Une autre innovation du concile, c'est la désignation de l'hémiole comme celle d'un procédé destiné à faire fraude aux préceptes prohihitifs de l'usure. A l'époque de Constantin, en effet, les usuriers qui trouvaient trop faible le taux de la centésime, avaient pris l'habitude de stipuler en fruits l'intérêt de leur argent, comme si leur prêt était un prêt de fruits (Loi 16 au Code : de usuris). Et ce n'était là encore qu'un des mille moyens destinés à tourner la loi pour obtenir de son argent une usure supérieure au taux légal. Les Pères du concile avaient

____

(1) Le 2ᵉ concile d'Arles de 452 assimile encore l'usurier au négociant : il interdit ces deux professions aux ecclésiastiques. De même le concile de Carthage de 348 (Labbé, t. II, p. 717.

enveloppé tous les faux-fuyants de cette nature dans le même anathème, en ne désignant toutefois que le plus connu d'entre eux.

C'est ici que nous découvrons pour la première fois quelques vestiges de la théorie fameuse des contrats feints ou palliés, qui devait tant exercer l'esprit retors des théologiens et des casuistes au moyen âge. Mais si l'on peut déplorer l'intervention malheureuse des docteurs scolastiques dans le domaine du droit, il faut bien avouer que la condamnation des Pères de Nicée est entièrement légitime, parce qu'elle se restreint dans les limites de la discipline ecclésiastique et reste exempte d'exagération.

Le IV⁰ Concile de Carthage, tenu en 398, défend d'élever les usuriers au sacerdoce (1).

Le VI⁰ Concile de Constantinople (692), ou concile *in Trullo*, restreint la défense de l'usure aux évêques, aux prêtres et aux diacres. Il nous ramène donc en arrière, et revient aux anciennes défenses du Canon des Apôtres et du Concile de Laodicée (canon XII).

Jusqu'à présent, nous n'avons pas encore vu qu'il fût question des laïcs dans les divers canons des conciles. L'idée générale qui domine les évêques et les Pères durant les huit premiers siècles de l'ère chrétienne, est que toutes les professions et que tous les métiers sordides

---

(1) La même défense est reprise par le concile d'Agde en 506, par le 17⁰ concile de Tolède en 694, etc. (Labbé, t. IV, 1394; et VI, 1330). — 4⁰ concile de Carth. 398, t. II, 1205.

ne sauraient se concilier avec la dignité ecclésiastique.
C'est donc là une raison de pure discipline, et dont l'application est restreinte au sacerdoce chrétien.

Justinien, qui sanctionna de son autorité les décisions des conciles généraux, ne l'entendit pas autrement. Il n'aurait pu en effet accepter la défense absolue de l'usure, et en fixer ensuite le taux légal. En dépit de toutes les arguties des canonistes, nous ne voyons nulle part qu'il soit ici question de tolérance. On ignorait à cette époque la distinction savante de la thèse et de l'hypothèse ; et l'usure était reçue de tous comme un contrat légitime.

L'empereur Basile le Macédonien (867-886) tenta un instant d'abolir l'usure ; mais son fils Léon (novelle 83) dut revenir sur cette mesure. Il constatait que les hommes ne se laissaient pas conduire par les lois de l'esprit, et que les dispositions prohibitives de son père n'avaient abouti qu'à tarir les prêts. Ce ne fut là qu'une tentative isolée d'un empereur ignorant, et qui n'eut point d'autres suites.

Rien ne semblait du reste préparer cette mesure dans les écrits des Pères grecs, si l'on se reporte, non plus à leurs œuvres oratoires, mais à leurs lettres canoniques. Saint Basile, dans son épitre à Amphiloque, déclare que celui qui reçoit l'usure et la retient pour les pauvres, peut être admis au sacerdoce, s'il s'est dépouillé de cette maladie de l'avarice. Son contemporain Grégoire de Nysse (331-400) se plaint, il est vrai, dans son épitre à Latoïus, que pour conférer les ordres sacrés, on ne faisait subir de son temps aucune épreuve à ceux qui s'étaient adonnés jusque là aux gains sordides ; mais il devient un témoin irrécusable que l'usure ne passait point alors pour un vice et un délit lorsqu'il ajoute : « Nous ne regardons comme des vices que le vol, la violation des sépultures et le sacrilège. C'est la tradition ininterrompue de nos pères, quoique d'ailleurs la Sainte Écriture compte au nombre des choses défendues toute accession et toute usure ».

Cette tradition consignée dans les canons des Apôtres, dans les conciles de Nicée et de Constantinople *in Trullo*, s'est maintenue chez les Grecs jusqu'à ce jour.

Photius, mort en 891, compte au nombre des péchés des clercs (Nomocanon, tit. II, chap. XXVII) non seulement l'usure, mais encore tout gain sordide, c'est-à-dire tout commerce et toute occupation séculière interdite par les canons. Cependant, lorsqu'il est question des laïcs (tit. XIII), il n'insère dans sa nomenclature ni l'usure ni le fœnus. Et le patriarche Balsamon, dans ses réponses canoniques à différentes questions, en prend acte pour déclarer que l'usure, permise aux laïcs, n'est interdite qu'aux seuls clercs (1).

Photius fut le premier des canonistes grecs qui dis-

(1) *Juris orientalis responsa Patriarcharum*, (Edit. Estienne, 1573). p. 267 de la trad. latine. Balsamon déclare à Marc, patriarche d'Alexandrie, que si les laïcs peuvent pratiquer l'usure sans danger dans les limites de la loi civile, contrairement au prescriptions de la loi mosaïque, il n'en est pas de même pour les

tingua l'usure perçue en vertu d'un pacte exprès, de l'usure tacite qui résulte d'un retard dans tous les contrats de bonne foi. Personne, avant lui, ne s'était avisé de soustraire ce cas à la prohibition des canons ecclésiastiques, ainsi que le note Balsamon dans ses scholies sur le Nomocanon ; et tous les anciens canonistes avaient déclaré l'usure illicite pour tous les ecclésiastiques, sans distinction de retard ni d'intérêts.

Le même Balsamon loue Photius d'avoir, en outre, par une sage interprétation des canons, permis l'usure aux évêques et aux prêtres en matière de legs pieux, toutes les fois que l'héritier était mis en demeure de les exécuter.

Mais, pas plus que Photius, Balsamon ne saurait consentir au trafic des ecclésiastiques qui se livrent au commerce des vins, prennent à ferme des bains, ou négocient d'une foule de manières également sordides (in can. Nic. XVII).

Le XVII° canon de Nicée sert alors de prétexte à Balsamon (patriarche d'Antioche mort en 1214) pour nous découvrir un détour plein d'artifice des ecclésiastiques de son temps, détour destiné à pallier leurs commerces usuraires. Ils s'associaient à des marchands, à qui ils confiaient leur argent, et convenaient avec eux d'un

clercs. Il rappelle alors les prescriptions du XLIV° canon des apôtres et du XVII° de Nicée. On voit ce que vaut l'affirmation de Bossuet, lorsqu'il prétend que Balsamon et Zonare sont partisans de l'interdiction de l'usure.

profit certain, en se faisant assurer et le montant de
leurs capitaux et le profit stipulé. C'était bien un contrat
de société en apparence ; mais Balsamon y voit au fond
un contrat usuraire, parce que les ecclésiastiques participent au profit sans partager les risques (1). Telle est
l'origine du triple contrat.

L'usure n'était donc interdite aux ecclésiastiques
que comme un moyen sordide de s'enrichir, C'est dans
le même esprit que le patriarche Luc (2) interdit aux
prêtres les métiers d'entremetteurs, d'aubergistes, de
parfumeurs et de baigneurs, comme autant de professions défendues par le concile de Nicée *(turpia lucra)* (3).

En 1459 fut tenu à Florence un concile général pour
la réunion des églises grecque et latine. Jamais la
défense de l'usure n'avait reçu une aplication plus rigoureuse en Occident qu'à cette époque. Les Grecs cependant, fidèles aux traditions de l'église primitive, avaient
maintenu chez eux la permission de l'usure. Néanmoins,
le concile, après avoir contraint les Grecs à se rétracter

---

(1) *Quidam sacerdotes canonem intelligentes et ipsum cir-
cumscribentes eique fraudem facientes, verba quidem servant,
mentem autem negligunt. Dant enim nonnullis pecuniam et
tanquam ex lucro partem se capturos paciscuntur.*

Zonare (XIIe siècle) expliquant avant Basalmon le même canon
de Nicée, avait déjà indiqué cette fraude chez les clercs, à qui
l'usure était expressément défendue.

(2) Jus orientale, p. 148.

(3) *Ibid*. p. 106, Nicéphore le Confesseur est le seul qui refuse
la communion aux usuriers sans distinction de laïcs et de clercs.

sur beaucoup de points, et réglé une foule de questions
de pure discipline, ne se préoccupa même pas de
l'usure. Cependant les latins n'ignoraient pas cette
pratique dont ils avaient eu si souvent à se plaindre à
l'époque des croisades. Il faut donc admettre que les
hommes éclairés de cette époque ne voyaient dans l'interdiction de l'usure chez les Occidentaux qu'une règle
de droit susceptible de se modifier selon les circonstances et les besoins du temps.

CHAPITRE III

MODIFICATIONS INTRODUITES DANS LE DROIT CANONIQUE ANCIEN

Saint Ambroise. — Saint Léon le Grand. — Les Capitulaires. Les Conciles.

S'il faut en croire Troplong, dans sa préface sur le Prêt, ce seraient les Pères grecs qui auraient tenté, les premiers dans l'Église, d'interdire l'usure ; et ils n'auraient échoué que grâce à la résistance des conciles, soucieux avant tout de maintenir une entente complète entre le pouvoir religieux et le pouvoir civil. Ce dualisme d'opinions ne nous est nulle part exposé dans les écrits du temps : on ne le rencontre nettement formulé que sous la plume des écrivains scolastiques et des canonistes du moyen âge, qui l'inventèrent pour justifier leurs défenses.

En réalité, c'est saint Ambroise qui, dans une lettre à l'évêque de Trente, Vigile, formule le premier ce projet d'anéantir l'usure ; et il le formule en s'appuyant sur des raisons d'ordre purement politique. Voici en effet ce qu'il écrit : *Populi saepe conciderunt fœnore, et ea publici exitii causa extitit : unde nobis sacerdotibus id praecipue curae sit ut ea vitia resecemus quae in plurimos videntur serpere ». (Opera, edit. Bened., t. 11 p. 843).*

Saint Léon, pape (440-461), s'engage résolument dans cette voie : « Quelle avarice coupable et insolente, dit-il, que celle qui se flatte de rendre service au prochain, alors qu'elle le trompe... et qui estime plus sûrs les biens actuels que ceux de l'avenir... Il faut fuir l'iniquité de l'usure et le gain fait au mépris de l'humanité... Ce qu'en pense Dieu, nous le savons par les paroles suivantes du très saint prophète David : Seigneur, qui habitera dans votre tabernacle, et qui reposera sur votre montagne sainte ? Celui-là jouira du repos éternel qui, entre autres règles d'une conduite pieuse, n'aura pas prêté son argent à usure... ; tandis que celui qui s'enrichit au détriment d'autrui, mérite en retour la peine éternelle (1) ».

Ce n'est là pourtant qu'une exhortation pieuse dans le le goût des Pères, et sans aucun rapport avec l'idée de justice commutative. Comme tous ses devanciers, saint Léon se préoccupe de la perfection chrétienne ; et c'est de ce point de vue, qu'il peut estimer comme une mauvaise raison la gravité des risques courus par le créancier.

En revanche, nous trouvons, dans sa lettre aux évê-

____

(1) *Sermo VI de jejunio Xⁱ mensis.*

ques de Campanie, de Pise et de Toscane, un passage
des plus significatifs : « Nous ne devons pas davantage
passer sous silence, écrit-il au chapitre III, ces victimes
de honteuses cupidités, qui prêtent leur argent à usure
avec l'intention de s'enrichir à l'aide de ces pratiques.
Nous nous en affligeons, non seulement à l'égard de
ceux qui sont engagés dans la cléricature, mais encore
à l'égard des laïcs. Il faut sévir activement contre ceux
qui auront été repris, afin d'enlever tout prétexte au
péché ». Si la condamnation porte principalement contre les clercs, on ne peut nier cependant qu'elle n'enve-
loppe les laïcs. Ce n'est pas là sans doute une définition
pure et simple de toute usure. Il s'agit en effet d'usures
énormes, dont le taux n'avait cessé de monter depuis
les premières invasions, et qui devenaient pour tous
les emprunteurs une cause certaine de ruine. Néanmoins, il convient de noter avec soin ces premières
tendances du pouvoir religieux à dépasser la sphère de
la pure discipline ecclésiastique, pour empiéter sur le
pouvoir civil, dans l'intérêt des peuples.

Quoi qu'il en soit, cette intervention reste limitée
aux provinces centrales de l'Italie, qui n'appartenaient
plus guère à l'empire que d'une façon nominale. Ce
n'est, en outre, qu'une mesure d'intimidation, dont
l'étendue et l'application réelles ne nous sont point
connues.

Aussi l'usure continue-t-elle à se pratiquer couramment dans tout l'Occident, sans qu'on en vienne à lui découvrir un caractère certain d'illégalité.

Un contemporain du pape saint Léon, Sidoine Apollinaire (430-488), évêque de Clermont, nous est un sûr garant que l'usure ne passait pas de son temps pour un contrat inique. Son ami Turpion l'avait prié d'obtenir des délais de son créancier Maxime, pour le remboursement d'un prêt et des usures échues, réclamé en justice. Le prêt avait été consenti avant la promotion de Maxime à l'évêché de Toulouse. Mais l'usure avait doublé le capital en 10 ans, et cessait de courir en vertu des lois romaines. Maxime prétendait donc rentrer en posséssion de son argent. Grâce à l'intervention de Sidoine, il accorda non seulement les délais réclamés, mais encore la remise totale des usures échues.

Turpion étant mort sur ces entrefaites, Sidoine écrivit à son fils une lettre (1) où il qualifie cette remise d'acte de piété et de miséricorde : il dit de Maxime que c'est un homme de toute charité. Enfin il déclare sans ambages que Maxime pouvait justement prélever cette usure (2).

Il s'agissait dans l'espèce d'un prêt de consomption.

_____

(1) *Opera*, Paris, 1604 ; *Epist.* 24.

(2) On trouve dans saint Basile un fait analogue (T. III, épist. 107, 108, 109). Saint Basile demande la remise de l'usure pour sa parente Juliette ; et il n'invoque auprès du créancier que des raisons d'humanité et de religion. Comment supposer que saint Basile aurait oublié de souligner l'injustice de ces exigences, si l'usure lui était apparue comme une véritable faute ?

A plus forte raison devait-on admettre, à cette époque, la légitimité de l'usure dans le prêt de commerce ou de reproduction.

Saint Grégoire le Grand (590-604) (1) le reconnaît d'une façon très nette dans une lettre où il fait prier un créancier de se contenter seulement d'une partie des usures promises *lucri causa*, par le débiteur ruiné. Les deux motifs qu'il allègue à l'appui de sa requête, sont la double condition de chrétien et de noble du créancier, et l'assurance que Dieu lui rendra avec abondance ce qu'il aura remis au pauvre (2).

A cette époque, les conciles provinciaux ratifient les lois particulières où le contrat d'usure est formellement autorisé. Au livre XXXI de son histoire ecclésiastique, Fleury nous raconte qu'en 501, les évêques wisigoths approuvèrent le code d'Alaric qui reproduisait les lois romaines sur l'usure. Or, en 509, le concile d'Agde, tenu par 35 évêques de ce royaume, qui avaient approuvé ce Code pour la plupart, interdisait formellement l'usure aux clercs. Ce contrat ne paraissait donc pas criminel pour les laïcs (Labbé, t. IV, 1394).

Il en fut de même, deux siècles plus tard, pour les Wisigoths d'Espagne. En 693, le seizième concile de Tolède approuve le code du roi Egica et laisse à ce

(1) Saint Grégoire-le-Grand, *Edit. Bened, Epist. lib.* IX, *epist.* 38, *Anthemiae subdiacono*, t. II, p. 955.
(2) Voy. un autre exemple intéressant dans l'histoire des Francs de Grégoire de Tours. liv. III, n° 34.

prince toute latitude pour le rendre conforme à la foi et à la vérité. Voici deux lois particulièrement significatives à cet égard : » *Si quicumque commodaverit pecuniam ad usuram, non plus per annum quam tres siliquas de uno solido poscat usuras. — Quicumque fruges aridas et humidas, id est vinum et oleum, vel quodcumque genus alteri commodaverit, non amplius ab eo, propter usuras, quam tertiam partem accipiat* » (Liv. V, tit. V, lois 8 et 9). C'étaient donc là des usures respectables que le concile couvrait de son autorité. (Labbé, VI, 1330).

Les formules de Marculfe, qui vivait au VIIe siècle, ne sont pas moins instructives. On voit aux exemples qu'il nous en a laissés, que le contrat pignoratif était un des contrats les plus usités de cette époque (1), et qu'il était des plus onéreux. En général, ce contrat est fait pour 5 ans, et le prêteur recueille les fruits du gage pendant toute la durée du prêt. En cas de retard dans le remboursement du capital, l'emprunteur paie le double en guise de peine.

Il convient de noter en outre que l'usure avait pris aux VIIe et VIIIe siècles des développements tout à fait prodigieux. Le sens des termes du droit romain s'était perdu. La centésime était devenue le 100 pour 100, et l'hémiole le 150 pour 100. C'est contre ces usures

____

(1) Baluze, capitul. des rois Francs, t. II, formules de Marc.(50) form. de Sirmond (13). Form. de Lindenbroge (25, 26, 27).

que Charlemagne dut réagir dans ses capitulaires (1).

Faut-il attribuer ces excès aux Juifs de l'époque ? Nous l'ignorons. Ils existent cependant, remuants et orgueilleux jusqu'à l'insolence, brocanteurs avérés et recéleurs dangereux. Ce sont les héritiers de ces fameux Syriens (2) avec lesquels on les confondait dans l'empire romain. Mais comme leurs droits étaient identiques à ceux de tous les Gallo-Romains, comme la même liberté de prêter à usure était concédée à tous, il nous paraît malaisé de les rendre responsables de ces taux énormes. Néanmoins leur conduite attire sur eux l'attention des papes. Grégoire le Grand (590-604) commence à trouver dangereuse la liberté qui leur est octroyée en Gaule d'acquérir toutes sortes d'immeubles: « Nous sommes extrêmement surpris, écrivait-il à la reine d'Austrasie, Brunehaut, de vous voir accorder aux Juifs la faculté de posséder des biens fonds dans notre royaume ». Il écrivit encore dans le même sens aux rois francs Théodoric et Théodebert (3). Mais nous ne voyons pas que des mesures aient été prises à leur égard sous les rois de la première race.

C'est Charlemagne qui, le premier, sévit contre eux, et les contraignit à porter sur leurs vêtements la marque distinctive de leur race ; et c'est Philippe-Auguste qui

(1) Baluze, t. I, liv. IV, *Appendix 2*, XVII.
(2) *Salmasius de fœnore trapezitico* ; et Troplong, préface du Prêt.
(3) Baluze, t. II, VI, 423.

accomplit enfin le vœu de saint Grégoire, en expulsant tous les Juifs du royaume.

Quoi qu'il en soit, une réaction énergique devenait nécessaire pour mettre un frein à de tels excès. Charlemagne commence, à la suite de Justinien, par reprendre à son compte la défense des conciles, et l'interdiction, portée contre les clercs, de s'occuper des choses temporelles, notamment de l'usure (1). Pour être irrépréhensibles, nous disent les Capitulaires, les prêtres doivent s'abstenir des gains sordides (2). Ils ne doivent être ni fermiers ni prêteurs (3), conformément aux pescriptions du concile d'Aix (II, tit. II, ch. vi).

Sur la définition de l'usure, les Capitulaires offrent plus de précision que le concile de Nicée. Ils reproduisent la définition des Pères latins, que l'usure c'est tout ce qui passe le sort : *Usura est ubi amplius requiritur quam datur. — Justum fœnus est qui amplius non requirit nisi quantum præstitit* (4).

Quant à son étendue, elle est exactement la même que celle dont il est question au Deutéronome, 19 : *Non fœnerabis fratri tuo ad usuram pecuniam, nec fruges, nec quamlibet aliam rem*, et n'a pas de limites bien précises. Il faut sans doute l'entendre de l'usure d'argent, de l'usure des aliments et même du loyer de

---

(1) *Ibid.* liv. II, chap. 38, 749.
(2) Liv. V, 893, 225.
(3) Liv. VII, 452, p. 1125.
(4) Baluze, t. I, p. 454. XII, XVII, année 806.

certaines choses non fongibles. L'usure s'étend donc au prêt de consomption ou *mutuum* sous toutes ses formes, et au commodat ou prêt à usage des choses non fongibles de faible importance.

Nous n'avons pas encore découvert jusqu'ici de prescriptions nouvelles. Les Capitulaires innovent cependant à une date qu'il est malaisé de préciser. Ils proclament que l'usure n'est pas seulement défendue aux clercs, mais encore aux laïcs, conformément au décret de saint Léon (2). Mais c'est aux clercs à s'ingénier de toutes manières, et à faire leur possible pour en détourner les laïcs (3).

On commence encore à cette époque par se mettre en garde contre l'usure palliée. Il n'est pas permis de faire usage de poids et de mesures différentes dans les échanges et les restitutions (4). C'est la première fois, depuis le concile de Nicée, qu'il est question de fraude en matière d'usure; mais il en est ici question à l'égard des laïcs. Les Capitulaires introduisent, sous le couvert de cette défense, un principe appelé à recevoir des développements considérables dans les siècles suivants, car le but qu'ils se proposent, n'est plus de sauvegarder

---

(1) Le commodat dont il est seulement question dans les différents textes des conciles de cette époque, est le prêt des vêtements et probablement aussi d'instruments de travail de faible valeur.

(2) T. I, liv. V, XXXVIII, p. 844; L, p. 937, liv. VII, 53, p. 1038.

(3) Liv. VI, 204, p. 958.

(4) T. I, V, p. 1286.

la discipline ecclésiastique, en supprimant les faux-
fuyants et les vains prétextes destinés à cacher des
occupations serviles ; le but avoué des capitulaires est
de couper à sa racine ce qu'ils considèrent comme un
vice. L'usure commence dès lors à sortir du rang des
métiers sordides pour descendre à celui d'art coupable (1).

Il se produisit cependant bien des hésitations avant
que les conciles se crussent autorisés à couvrir ces
défenses radicales de leur autorité, car rien dans le
passé ne semblait les y autoriser.

Le Concile de Northumberland avait bien proclamé
la défense de l'usure en 787, mais en termes si vagues
qu'ils laissaient la plus grande liberté d'interprétation.
Il s'était borné à ces seuls mots : *Usuras quoque pro-
hibuimus*. (Labbé, VI, 1870).

Le Concile de Mayence de 813 (2) n'est guère plus
explicite. A vrai dire, il n'aperçoit dans l'usure qu'un
gain méprisable : mais ce qui est plus important, c'est
qu'il voit dans l'usure le type par excellence de tous
les gains méprisables : *Quidquid plus justo appetit*

____

(1) On ne peut s'expliquer ce caractère entièrement moral laissé
à l'usure par les Capitulaires que par une absence totale de
commerce et d'industrie à cette époque. Les populations de l'empire d'Occident étaient donc entièrement agricoles. Lorsque le
commerce sortira des limbes de la barbarie, les rois sentiront le
besoin de compter avec cette institution; et, pour ne point heurter
l'Église, ils procèderont comme elle par exceptions.

(2) Labbé, t. VII, p. 1244.

homo, turpe lucrum est. Sur ce point le Concile est d'accord avec les Capitulaires (1).

Le règne de Lothaire marque un progrès très sensible dans la législation répressive de l'usure. Par le capitulaire d'Olonne du 1ᵉʳ mai 825, ce prince accordait aux évêques le droit d'interdire ce contrat. Les comtes devaient prêter main forte aux évêques et infliger aux délinquants les peines réservées aux contempteurs. C'étaient d'abord une série de réprimandes, puis l'excommunication épiscopale, enfin la prison et les fers jusqu'à la sentence de l'empereur. Exception n'était faite qu'en faveur des vassaux, qu'il était interdit de mettre aux fers sans l'autorisation de l'empereur (2).

Pour épuiser la liste de ces peines, pour encourir

(1) Pour bien entendre ce texte, il faut se rappeler la définition des Capitulaires : *Justum fœnus est qui amplius non requirit, nisi quantum praestitit.* L'égalité ou parité entre le montant du prêt et celui du remboursement constitue ce qu'on appelle le *justum fœnus*, de même que l'égalité entre le prix d'achat et le prix de vente d'un objet constitue toute la théorie du *justum pretium* à ses origines. Pour établir le juste prix, on substituera plus tard une égalité différente de cette égalité purement matérielle ; mais ce qu'il faut noter ici, c'est que le juste prix dans les échanges n'est qu'une application dérivée des faux principes du temps en matière d'usure. « Celui qui vend un objet plus cher que sa valeur, ou qui l'échange contre un objet de valeur supérieure, commet une usure ». Baluze, Miscellanea, t. VI, p. 166 ; t. VII, p. 36. « *Ez sol dehain man sin gut auf gesuch lihen, noch verchauffen daz er tiurer hingebe; oder er ist fridbraech* ». Pertz, *Monumenta Germ. hist., Lex Bawarica* (1246) 37, p. 599. -- Sur le Juste Prix, V. la thèse de M. Garnier, Paris, 1900.

(2) Baluze, t. II, XV, XIX, p. 324.

même l'excommunication, il fallait se rendre coupable d'un endurcissement bien étrange. L'évêque ne dénonçait d'abord le coupable au comte, que lorsque tout espoir d'amendement avait disparu. Alors seulement commençaient les réprimandes.

Nous nous trouvons donc pour la première fois en présence d'une véritable sanction, dont la précision ne saurait être contestée.

Il en est de même pour l'usure palliée, perçue à l'aide de faux poids ou de fausses mesures. La peine consiste dans la confiscation des marchandises, vin ou blé, et dans une composition de soixante sols pour un homme libre. Si l'usurier est un colon ou un esclave, la composition est remplacée par les verges. Mais que ce soit un homme libre, un colon ou un esclave, en cas de récidive et après admonition de l'évêque, l'usurier sera excommunié pour avoir enfreint la parole des Saintes Écritures : *qui pecuniam suam non dedit ad usuram* (1).

A partir de cette époque, les évêques, qui ont reçu des rois de la seconde race la mission d'extirper l'usure, vont étendre lentement sur tout l'empire d'Occident le réseau de leurs prohibitions, jusqu'au jour où les papes, devenus tout-puissants, prendront à tâche d'en finir à tout jamais avec ce fléau sans cesse renaissant.

Dès 829, le Concile de Paris (2) considère l'usure

(1) Capit. des rois Francs ; Hanovre, 1881, p. 183.
(2) Labbé, t. VII, 732.

comme une faute avérée ; et il rappelle que l'usure défendue par les saintes Écritures n'est pas seulement l'usure d'argent, mais encore l'usure des fruits.

De définition dogmatique, il n'en est pas question (1). Le concile se fait simplement l'écho des plaintes universelles soulevées par l'usure à cette époque. Les pauvres en sont réduits à mourir de faim et de misère, au mépris de toute humanité. Les usuriers, assurés de l'impunité, par suite de la guerre civile et des invasions normandes, profitent de ces malheurs pour s'emparer du patrimoine de leurs victimes. Le taux du prêt dépasse alors tout ce qu'on peut imaginer de plus odieux et de plus exorbitant. Pour un boisseau de blé ou une mesure de vin, les prêteurs stipulent la restitution sur le pied de trois ou de quatre, au moment de la récolte.

Le vœu du concile resta cependant lettre morte, et l'usure poursuivit ses ravages. Aussi le pape Léon IV,

----

(1) Il n'en fut jamais question du reste dans les conciles. Gerson en réclamait une au xve siècle, au concile de Constance ; mais ce fut en vain. On condamna toujours l'usure sans la définir. Il ne s'agit donc dans tous les cas que de l'usure en cours, c'est-à-dire de l'usure aux taux de 2, 3 et 4 deniers par livre et par semaine. Elle s'élevait même parfois à 100, 200 et même 300 pour 100.

Le pape Léon X qui résuma la tradition occidentale à cet égard en 1512 (concile de Latran, session 10), la fait tenir en somme dans une direction d'intention. Or, comme le mutuum des scolastiques est une chose essentiellement abstraite, il faudrait, en dehors des excès coupables auxquels l'usure peut donner lieu, admettre chez les délinquants une intelligence peu commune, pour constater une faute de ce genre ; ou du moins il faudrait constater chez eux la volonté positive de mal faire.

dans une lettre adressée à Lothaire en 847 (Gratien I, dist. X, c. XIII), demande-t-il à ce dernier de maintenir en vigueur la loi romaine. Il ne fait sans doute aucune allusion à l'usure, mais il est vraisemblable de croire qu'il considérait le taux fixé par cette loi comme un contrat des plus avantageux par rapport à ces taux excessifs.

Ce qu'il dit par ailleurs dans son *de Cura pasto- rali : Nullus vestrum usuras exigat, aut conductor fœneratorum existat,* prouve qu'il n'ignorait pas les mœurs de son temps, mais qu'il s'en rapportait toujours à cet égard aux antiques traditions des canons apostoliques et du concile de Nicée.

Les clercs ne se défiaient pas alors de l'usure et des occupations sordides ; ils étaient à peine moins grossiers que leurs contemporains. Les Capitulaires nous offrent, de leurs mœurs et de leurs habitudes aux VIIIe et IXe siècles, le tableau le plus vivant et le plus instructif. Ils vivaient de la manière la moins édifiante et adoraient l'argent. On peut même se demander si le dessein de Charlemagne, en jetant le blâme de parti pris sur toute espèce d'usure, sur celle des clercs et sur celle des laïcs, ne fut pas précisément de ramener les prêtres à leurs devoirs. Une règle absolue s'impose toujours avec plus d'empire qu'une loi particulière ; et l'on pouvait se promettre qu'à l'avenir les ecclésiastiques en feraient plus de cas.

A partir de cette époque, la défense de l'usure gagne de plus en plus de terrain. En 850, le concile de Pavie (canon XXI) (1) se montre particulièrement sévère à l'égard des usuriers. Il les condamne, par manière de *châtiment*, à restituer toutes leurs usures à ceux qui en ont été victimes. Eux morts, les héritiers en rembourseront la moitié, ou rachèteront leurs fautes par des aumônes. A l'avenir, le laïc sera frappé d'excommunication, et le clerc de déchéance.

A défaut d'usure, les moyens avantageux de faire fructifier son argent ne manquaient point cependant. Clercs et laïcs pratiquaient sur une large échelle le contrat pignoratif, dont les *Annales* de l'abbaye de Saint-Riquier nous fournissent un curieux exemple. En 998, Ingélard, l'abbé du monastère, engage à l'évêque de Liège, Notker, des terres situées dans son évêché, contre un prêt de 33 livres d'argent. Le prêt était consenti pour 20 ans. L'engagement expiré, ce contrat fut renouvelé d'un commun accord entre Angibran, le nouvel abbé de Saint-Riquier, et Durand, un autre évêque de Liège (2).

« Les gens de cette époque, dit M. Molinier dans une note sur Pascal (Provinciales, t. II, p. 269), empruntaient aussi souvent que nous. Mais pour ne pas s'exposer aux poursuites de la justice, il empruntaient souvent sur hypothèques, les revenus du domaine engagé servant d'intérêts et n'étant point déduits du

(1) Labbé, t. VIII, 169.
(2) *Chronicon Centulence, lib.* III, *cap.* XXX; *lib.* IV, *cap.* III, *Spicilegium,* t. III, p. 329.

capital de la dette. Cette pratique était universelle au
XIIᵉ siècle, notamment dans le midi de la France ; et
très souvent des évêques, des abbés, des chapitres
cathédraux passaient des contrats semblables avec des
laïques, des seigneurs terriers ; il arrivait fréquemment,
la plupart des emprunteurs étant besoigneux, que
l'engagement, au bout d'un certain nombre d'années,
se transformait en une vente, et le prêteur acquérait
pour une somme inférieure au montant total des revenus
perçus par lui, une riche propriété, des droits utiles,
parfois des droits souverains sur un canton. C'est à des
spéculations de ce genre, que beaucoup d'abbayes cis-
terciennes et de commanderies de l'ordre de Saint-Jean,
ont dû une partie de leur fortune territoriale. Dans les
actes d'engagement, il n'est jamais parlé d'intérêts,
mais il est toujours stipulé que les revenus de la terre
hypothéquée seront perçus par le prêteur et ne seront
point déduits de la somme prêtée ».

Gratien lui-même, qui rédigea son décret vers 1150,
nous prouve par un exemple que le contrat pignoratif
était chose usuelle de son temps (1). Et ce qui est particulièrement intéressant dans cet exemple, c'est que les
fruits servent tout à la fois au remboursement du capital
ancien et des usures échues.

Le premier concile de Tours (2), tenu en 1163, s'en
plaint amèrement. Il remarque que les ecclésiastiques

(1) *Decreti Pars II, Causa X, quaestio II*, c. II.
(2) Labbé, t. X, 1418.

se détournent avec horreur des usures communes, trop clairement proscrites par les saints Canons ; mais qu'en retour de l'argent prêté aux indigents, ils n'hésitent pas à percevoir les fruits des gages qui leur ont été confiés, et de les percevoir sans imputation sur le sort. C'est pourquoi le Concile général ordonne la restitution de tout ce qui excède le sort et les frais, ainsi que la remise pure et simple du gage, si le montant du prêt est déjà recouvré sur les fruits. Si le sort n'est pas encore recouvré, le prêteur restituera le gage, aussitôt qu'il en aura reçu le remboursement intégral. La peine contre les récalcitrants est la destitution. Il n'y a d'exception qu'en faveur des bénéfices ecclésiastiques, qu'il est permis de racheter ainsi des mains laïques.

Si les clercs usaient de ce détour pour tirer profit de leur argent, les laïcs du moins ne reculaient pas encore devant l'usure commune. Eugène III (pape en 1145), écrivant à Louis le Jeune, paraît encore accepter l'usure comme un contrat normal, et dont le paiement ne soulève aucune difficulté. S'il en fait remise aux croisés, les absout, eux et leurs cautions, de leur serment et de leurs promesses, c'est par dérogation au droit commun. C'est aussi par dérogation au droit féodal qu'il permet aux vassaux d'engager leurs terres, malgré le refus de leurs seigneurs suzerains (1).

Le moine Hugues, de l'abbaye de Floreffe en Hai-

(1) *Otto Frisingis: De Gestis Fred. Aenobarbi, lib.* 1, *cap.*
XXXV.

naut, nous prouve d'une manière directe que l'usure était encore permise aux laïcs à la fin du XIIᵉ siècle.

Dans sa vie de sainte Juette (1), il nous raconte que cette pieuse dame, devenue veuve, confia son argent à des négociants, « afin de participer au bénéfice d'accroissement. » Et pour l'excuser auprès de ses contemporains, il ajoute naïvement que ce péché, si grand qu'il apparaisse de son temps, était regardé alors, c'est-à-dire 30 ans plus tôt, comme tout à fait véniel, et même n'était pas regardé comme un péché. Juette vivait à la fin du XIIᵉ siècle, et son biographe écrivait dans la première moitié du XIIIᵉ.

Cependant, depuis Charlemagne, beaucoup de conciles provinciaux et d'évêques avaient usé du droit d'initiative qui leur avait été octroyé dans les Capitulaires. Partout où l'usure devenait intolérable, les évêques prenaient contre elle des mesures énergiques (2) ?

Bien plus, vers le milieu du XIᵉ siècle, le roi d'Angleterre, Édouard le Confesseur (1042-1066), chassait les usuriers de son royaume et les dépouillait de tous leurs biens. Pour justifier cette mesure, ce roi déclarait avoir souvent ouï dire à la cour du roi des Francs, que l'usure est la racine de tous les maux (3).

---

(1) *Bollandus : Acta Sanctorum*, t. I, p. 868.

(2) Voyez par exemple le concile de Meaux de 845 (can. 55) ; les Constitutions de Rieulfe, évêque de Soissons, en 889 (art. LV) ; le concile de Reims de 1049, etc.

(3) Labbé, t. IX, p. 1024.

Cette loi, il est vrai, ne fut pas de longue durée : elle ne survécut pas à l'invasion normande. Aussi les conciles tenus à Londres en 1125 et en 1128, ne se préoccupent-ils de renouveler l'interdiction de l'usure qu'à l'égard des clercs (1).

Le IIe concile de Latran (2) généralise pour la première fois et sanctionne de son autorité les prescriptions des Capitulaires. Les usuriers qui *refusent* de cesser leurs pratiques sont notés d'infamie, privés des sacrements et de la sépulture ecclésiastique, Le concile estime qu'il est impossible de concilier « la rapacité insatiable des usuriers » avec une vie vraiment chrétienne. Il les prive donc de toute consolation et enjoint à tous les archevêques, évêques, abbés et clercs de tout ordre, de ne pas les recevoir de nouveau à la communion, sans y apporter les plus grandes précautions.

Le IIIe Concile de Latran (1179) aggrave les peines du concile précédent. Il y est amené par l'envahissement progressif de cette lèpre dans le monde chrétien. Le danger est pressant, car beaucoup de gens abandonnent leurs professions pour exercer ce métier qu'ils regardent comme licite. Le concile défend donc de recevoir les usuriers manifestes (3) à la communion, et de leur

(1) Labbé, t. X, p. 916 et 936.

(2) Labbé, t. X, p. 1005.

(3) « *Declaramus insuper manifestos usurarios esse, de quibus est publica vox et fama, et certa sunt indicia et argumenta, quod pecunias mutuant ad usuras, easque recipiant vel fructus rei pignoratae ex pacto vel alias sibi usurpant, vel imbursant*

donner la sépulture chrétienne, s'ils sont morts au milieu de leurs pratiques, et sans avoir eu le temps de manifester leur repentir. Il est interdit à tous les prêtres de recevoir leurs offrandes. Ceux qui les auront reçues devront les restituer. Ceux qui auront donné la sépulture aux usuriers, seront, ainsi qne les précédents, soumis à une peine arbitraire de leur évêque. Ils demeurent suspendus jusqu'à complète satisfaction (1).

La défense de l'usure est désormais acquise. Elle est en possession de tous les esprits au début du xiiie siècle, au témoignage du moine Hugues, de l'abbaye de Floreffe. Mais cette défense, il faut bien l'avouer, n'est cependant qu'une loi de circonstance, inspirée par les excès sans nombre des usuriers ou banquiers de l'époque. Elle tire son origine et sa raison d'être des Capitulaires ; aussi n'est-il pas juste d'apercevoir ici avec Dumoulin, Saumaise et beaucoup de modernes, un empiètement de l'Église sur le pouvoir des princes. En réalité, ce sont les princes qui ont poussé l'Église dans

---

nec computant in sortem pecuniae pignoratae » (concile de Saltzbourg de 1386, can. XII). — On appelle encore usuriers manifestes « *et illos etiam qui super usuris diffamati, intra tempus statuendum ab eo, qui super hoc habet potestatem, se non purgaverint* » (Synode de Cologne de 1300, can. XII). — La purgation canonique consistait dans une déclaration de l'accusé, faite sous serment, qu'il n'était point coupable du crime qu'on lui imputait (*Decreti II Pars, Causa. XV, Quaestio V, can. 1*).

D'une façon générale, ces usuriers manifestes étaient les banquiers de l'époque : Lombards, Juifs, etc.

(1) Labbé, t. X, 1521.

cette voie ; c'est Charlemagne, Lothaire, et Édouard le Confesseur qui ont donné le branle. On peut noter en outre que l'Église ne fut point pressée de légiférer en ce sens, puisqu'il s'écoula quatre siècles avant que l'interdiction ne devînt universelle.

En somme, si cette interdiction absolue fut regrettable, il faut se rappeler qu'elle ne fut portée qu'à la dernière extrémité, par des hommes inexpérimentés en matière économique. Ils crurent supprimer le mal en supprimant ses causes apparentes, qu'ils voyaient dans les excès sans nombre et dans la rapacité des prêteurs. En réalité, les vraies causes se trouvaient être la guerre civile, l'absence de commerce et l'insécurité absolue des relations. Que pouvait l'Église contre ces maux ? Elle inventa la chevalerie, créa la trêve de Dieu ; mais elle ne put transformer assez vite les mœurs barbares de cette époque, pour se dispenser de recourir à des moyens empiriques, comme celui de la défense générale du prêt à usure.

CHAPITRE III

LE DROIT CANONIQUE NOUVEAU OU CODIFIÉ

Gratien. — Décrétales. — Sexte. — Clémentines.

De nos jours, la législation ne précède que rarement les doctrines : elle ne vient au contraire que lorsque la théorie a définitivement conquis son droit de cité. Au moyen âge, et principalement en ce qui concerne l'usure, nous ne trouvons rien de semblable. Les canons des conciles ont pour but immédiat, non pas d'appliquer un principe *rationnel* déjà établi, mais de s'opposer, d'une façon empirique (1), et par une série de tâtonnements, aux excès de tout genre qui menacent le peuple dans son existence même. Les évêques courent donc au

(1) Qu'on y prenne garde ! nous ne voulons point dire que les principes de l'Église soient empiriques en eux-mêmes, mais qu'on en tente, à cette époque, une adaption empirique. On procède par tâtonnements, faute d'une connaissance suffisante de ce qu'on appelle aujourd'hui les lois naturelles et la matière sociale. A cette époque, l'Église n'était guère au fait que des enseignements divins. Elle essaya de les appliquer directement à cette matière, sans établir aucune liaison entre eux. Ce furent les théologiens des xiiie et xive siècles qui forgèrent l'instrument nécessaire pour tenter cette adaption.

Qu'on nous permette encore une autre comparaison. L'Église

plus pressé : ils ne visent que les maux actuels sans prévoir ceux du lendemain. En dépit de leurs efforts et de leurs exhortations. ils se sentent débordés de toute part. L'usure est plus forte qu'eux et renverse toutes leurs barrières. Alors ils recommencent leur tâche ingrate et sans fin, la reprenant chaque fois sur des bases de plus en plus larges. Ils ne songent point à se demander si cette tâche n'est pas en somme impossible, mais ils accusent les usuriers et leur dureté. Et chacun de leurs échecs est marqué par une recrudescence de ces plaintes.

A l'époque où naquit la scolastique, les docteurs se donnèrent la tâche de justifier aux yeux de la raison toutes ces décisions des conciles. Ils les regardèrent comme autant d'articles de foi qu'il s'agissait de prouver. Bien peu échappèrent à cette fascination dangereuse. Les autres mirent à appliquer le fameux principe « *fides quaerens intellectum* » plus de courage et d'efforts que de bonheur.

Aussi, nous a-t-il paru nécessaire, pour suivre le mouvement de la pensée théologique au moyen âge, de renvoyer l'étude des doctrines après celle du droit canon nouveau ou codifié.

avait à combiner deux choses différentes, comme un chimiste combinerait deux corps. Faute de connaître les lois de cette combinaison, l'Église dut s'y reprendre d'âge en âge. — D'ailleurs ses efforts ne furent pas complètement stériles : car il est bien évident que l'invention des rentes amena une baisse considérable du taux de l'argent.

LE DÉCRET DE GRATIEN proclame pour la première fois en droit canon la défense *préventive* absolue de l'usure (1). En ce qui concerne les clercs, nous savons que l'Église n'a jamais varié, qu'elle a toujours défendu non seulement l'usure, mais encore les gains sordides. Le décret reproduit cette défense ; mais, par gains sordides, il n'entend plus que l'usure et les contrats entachés d'usure. Il faut donc regarder comme gains sordides ces achats de provisions faits au temps de la récolte, dans le dessein de les revendre plus tard avec un bénéfice de 2, 3 et plus pour 1 (2). C'est d'une façon plus précise encore, tout péché de lucre commis par un marchand, et qui fait de son gain une sorte d'usure (3). L'usure, c'est tout ce qui est exigé au delà du sort, soit qu'il s'agisse d'un prêt d'argent ou d'un prêt de marchandises, soit que l'usure se perçoive elle-même en argent ou en objets différents (4). Et l'auteur du Décret cite d'une façon indigeste, les Pères latins, les conciles et les papes qui ont proclamé ces défenses.

(1) *Decreti II Pars. Causa XIV*, q. IV.

(2) *Ibid., cap.* IX. C'est là une violation du juste prix ; mais le juste prix n'était considéré à cette époque que comme une conséquence des principes posés en matière d'usure. Tout contrat fait en violation du juste prix était considéré comme un contrat usuraire.

(3) *Ibid.*, c. 2, *de Pœnit., dist.* V.

(4) Que l'on remplace le prêt par un échange, et l'usure par une majoration du prix de vente sur le prix d'achat des objets échangés : cette majoration de prix est considérée par Gratien et par le rédacteur des Capitulaires comme une rupture d'équité, comme une usure véritable.

Pour appuyer sa défense de l'usure aux laïcs, Gratien cite surtout saint Ambroise et saint Augustin. Nous savons que les Pères nomment rapine et vol tout ce qu'on refuse de son superflu aux indigents, parce que tous les biens de la terre sont communs à tous, et que nous n'avons reçu une partie de ces biens que pour en être les dispensateurs. Gratien au contraire prend ce mot rapine au pied de la lettre. Ce qui, pour les Pères, n'était un vol qu'au point de vue de la justice divine, se métamorphose dans l'esprit de Gratien en vol légal et en faute contre la justice humaine. Saint Ambroise, tenant compte de ce fait que l'usure n'était de son temps qu'une expropriation déguisée (1), déclare d'une façon humoristique que l'usure n'est à bon droit permise que contre ses ennemis. Il détourne bien à cette occasion le sens des versets de la Genèse; mais on sait que les Pères ne s'astreignaient pas toujours à une explication rigoureuse des textes, non plus qu'à un choix sévère de leurs arguments. Et le compilateur du Décret prend cette allégorie à la lettre, ce qui en fausse complètement le sens.

De même pour le passage de saint Augustin, où il déclare qu'il ne faut point faire l'aumône avec le produit de l'usure. Le sens exact de la phrase est qu'il ne faut point commencer par acquérir des biens d'une façon condamnable, avec l'intention de les affecter ensuite à des œuvres charitables. Pour Gratien, au contraire, cela

______

(1) *Epist. ad Vigil.* Elle atteignait 100 pour 100 dans le prêt de commerce, 25 et 50 pour 100 dans le prêt de consomption.

signifie que l'usure est un vol, et qu'il est interdit de faire l'aumône avec le bien d'autrui (1). Or, un vol, pour Gratien, qu'il soit petit ou grand, est toujours un vol (2). Et tout vol oblige à restitution, parce que, selon saint Augustin (3), il n'existe pas de vraie pénitence sans restitution.

Ce qui fortifie singulièrement cette interprétation dans l'esprit de Gratien, c'est le texte suivant de saint Augustin : *Quid dicam de usuris quas etiam ipsae leges, et judices reddi jubent ?* (4). *An crudelior est qui subtrahit aliquid quam qui trucidat pauperem fænore. Hæc atque hujusmodi male utique possidentur, et vellem ut restituerentur, sed non est quo judice repetantur.* Ainsi donc le même texte où saint Augustin avoue que l'usure n'est pas contraire au droit humain, sert à Gratien pour prouver la thèse diamétralement opposée.

Saint Augustin ajoute encore un peu plus bas: *Nonne omnes, qui sibi videntur gaudere licite conquisitis, eisque uti nesciunt, aliena possidere convincim.* Or ce sont précisément tous ces biens légitimement acquis, mais inutiles entre les mains de leurs propriétaires, que saint Augustin voudrait restituer aux malheureux; parce que Dieu ne les a pas confiés aux riches pour s'en

---

(1) *Quaest. V*, c. I et II.
(2) *Quaest. VI*, c. IV.
(3) *Epist. ad Maced.*, 54.
(4) S. Augustin parle donc ici des usures supérieures au taux de la centésime et de l'hémiole.

attribuer la jouissance égoïste. Ceux qui les retiennent commettent une faute, et leur pénitence n'est pas sincère.

Mais ces paroles ne sont dictées à saint Augustin que par son ardente charité. Il n'ignore pas que le produit de l'usure et le superflu des riches ne sauraient, sans le consentement de ces derniers, devenir la propriété légale des pauvres. Voici comment il s'exprime dans un autre passage cité toujours par le même Gratien : « Quelqu'un pourrait peut-être songer à tenir le langage suivant : il ne manque pas de chrétiens riches, avares et cupides ; je ne commettrai pas de péché si je leur prends du bien pour le donner aux pauvres. La source de leur égoïsme deviendra pour moi une source de récompenses, si je fais des aumônes. Prenez garde pour votre âme, dit saint Augustin, car c'est une pensée diabolique. Si celui qui tient ce langage donnait aux pauvres tout ce qu'il a ravi, il ajouterait au nombre de ses péchés plutôt qu'il ne les diminuerait (1) ». Il ne s'agit donc pas, dans saint Augustin, de la restitution légale, mais de cette distribution charitable des biens que nous avons reçus en trop pour en être les dispensateurs.

A côté des Pères, et pour justifier l'interdiction de l'usure aux laïcs, Gratien cite la lettre de saint Léon aux évêques de Campanie. Mais de quelle répression s'agit-il dans cette lettre ? S'agit-il d'une invective gé-

(1) *Decreti Causa* XIV, q. V, c. III.

nérale à l'adresse des usuriers, ou même d'une répri-
mande individuelle, secrète ou publique ? Nous l'ignorons. Le but avoué de saint Léon, c'est de supprimer
les occasions de pécher en interdisant l'usure telle
qu'elle se pratique de son temps ; mais il ne dit nulle
part que toute usure soit un péché.

Cependant Gratien estime que les usuriers ne peuvent expier leurs usures, non plus que les voleurs se
purger de leurs vols, en donnant aux pauvres, ou en
employant en d'autres œuvres de piété, le bien qu'ils
ont pris ainsi à leur prochain. Ils doivent restituer ces
usures à l'emprunteur qui les a payées (1).

La défense de l'usure n'est donc fondée chez Gratien que sur une fausse entente des textes, et sur une
ignorance prodigieuse du langage et de l'esprit des
Pères. Mais cette erreur devint bien vite féconde en
résultats déplorables de toute sorte. Son recueil ne tarda
pas à devenir, à une époque où les manuscrits des
Pères étaient rares, le bréviaire de la pensée théologique, la source de tous les documents, où théologiens et
canonistes vinrent puiser sans contrôle et chercher l'ali-
ment de leurs écrits.

Si les innovations de Gratien passèrent sans difficulté, c'est qu'elles se rattachaient néanmoins par beaucoup d'endroits aux idées de son temps. Car si la défense absolue de l'usure est bien une chose nouvelle,

(1) *Ibid.*, q. V, c. XIII.

il faut se rappeler néanmoins qu'elle a été préparée depuis les Capitulaires de Charlemagne, par une série de mesures et de défenses particulières que Gratien s'est contenté de généraliser. Enfin et surtout, cette défense faisait droit aux griefs populaires de l'époque ; elle répondait, ou du moins croyait répondre au besoin universel des masses.

LES DÉCRÉTALES (1). — L'influence de Gratien se répandit immédiatement dans toute la chrétienté par l'intermédiaire des conciles et des papes.

Alexandre III (1159-1181) prélude à l'application de ces faux principes. Au concile de Tours, il assimile à l'usure le contrat pignoratif, qu'il interdit formellement aux ecclésiastiques.

Dans sa lettre à l'archevêque de Cantorbéry, il recommande d'user des rigueurs canoniques à l'égard des laïcs qui pratiquent également ce contrat (2). La raison de cette interdiction est « qu'il est dangereux pour tous de se proposer les gains qui résultent de l'usure ». Au

---

(1) *Decretalium lib. V, tit. XIX, cap I-XIX.*

(2) Le chap. III des décrets de ce pape, rapportés dans l'appendice du IIIe Concile de Latran, contient une variante. Au lieu de « *ut eos qui de possessionibus* », il y a « *ut clericos tuos qui de possessionibus* ». Il en résulterait que le pape ne parle de rigueurs à exercer qu'à l'égard des clercs. Ce dernier sens est probablement le meilleur, car il est conforme aux canons du concile de Tours, présidé par le même Alexandre III. — Il ne faudrait voir ici qu'une des nombreuses altérations de textes dont s'est rendu coupable le rédacteur des Décrétales, Raymond de Pennafort, qui était d'ailleurs un ennemi de l'usure.

IIIe concile de Latran, il frappe d'excommunication les usuriers manifestes et les prive de la sépulture chrétienne. Le prétexte de cette condamnation est que les particuliers désertent les autres occupations, pour se livrer à l'usure comme à une chose licite, alors qu'elle est maudite à chaque page des deux testaments.

Le même pape écrit ensuite à l'archevêque de Palerme *que la défense de l'usure étant inscrite dans les Saints Livres, il ne peut pas plus lever cette défense que celle de mentir.* Il ne croit donc point pouvoir autoriser l'exercice de l'usure dans l'intention de l'affecter au rachat des captifs.

Au même archevêque, qui lui soumet une difficulté au sujet des restitutions à opérer, il déclare qu'elles sont applicables, non seulement aux usures perçues depuis le concile de Latran, mais encore à toutes celles qui ont été perçues auparavant. Le décret de Latran recevait donc une application rétrospective conforme à l'esprit de Gratien. Pour justifier cette mesure, Alexandre III cite, en effet, à la suite de Gratien, ce passage de saint Augustin : *Non remittatur peccatum nisi restituatur ablatum.* On aperçoit donc ici l'influence malheureuse de ce moine ignorant sur l'esprit de ses plus illustres contemporains.

A l'archevêque de Gênes, Alexandre III déclare que c'est encore un péché de vendre plus cher à crédit qu'au comptant, sous prétexte de *délais* ; à moins que les fluctuations du marché ne permettent un doute sur la valeur réelle de la chose au moment du paiement. Alexandre III déclare que ce n'est pas là une usure littérale, mais que, dans l'incertitude, il est préférable de s'abstenir, parce que rien, dans nos pensées, n'échappe à Dieu.

Puis il rappelle au même archevêque que les clercs désobéissants doivent être suspendus de leurs fonctions et privés de leurs bénéfices ; et que les laïcs doivent satisfaire entièrement sous peine d'excommunication (1).

Urbain III (1185-1187) (2) complète l'œuvre de son prédécesseur. Pour en finir avec l'usure, il la défend, non pas sous ses formes actuelles, comme son prédécesseur, mais sous toutes ses formes possibles. Qu'est-ce, en somme, qui constitue l'usure, sinon l'intention de la commettre ? C'est donc l'intention de commettre l'usure qui en fait un péché. Et, à ce propos, le pape Urbain III applique à cette conception de l'usure mentale la parole de saint Luc : *Mutuum date, nihil inde sperantes.* Personne avant lui ne s'était arrêté à ce texte pour faire de l'usure une faute. Pour blâmer l'usure, les Pères et les conciles s'étaient contentés des textes du Deutéronome et des prophètes. Il fallait, il est vrai, pour ce concept nouveau de l'usure mentale, un texte nouveau : mais ce qu'il est important de signaler, c'est que personne, avant ce pape, n'avait aperçu ce curieux rapport ; et que, la plupart de ceux qui défendirent son opinion

(1) *Decret. lib. V, tit. XIX, cap. 1, ad cap. X.*
(2) *Decret. lib. V, tit. XIX, cap. 1, IX.*

dans la suite, l'établirent sur des raisons différentes de la sienne (1).

Innocent III (1198-1216) (2) invente contre les usuriers une procédure extraordinaire, dont la sévérité laisse bien loin en arrière tout ce qu'on peut imaginer en ce genre. Il refuse l'appel aux usuriers manifestes, et il déclare que, malgré le serment du débiteur de ne point réclamer les usures payées ou à payer, le juge peut, en vertu de ses pouvoirs discrétionnaires, obliger les créanciers à restitution. En outre, l'usurier ne peut réclamer lui-même de restitutions que s'il a satisfait.

Comme il fallait à cette époque un accusateur pour traîner les accusés à la barre des tribunaux, la protection des grands pouvait couvrir les usuriers contre la rigueur des lois ecclésiastiques, en intimidant les dénonciateurs. Désormais l'évêque peut traduire les usuriers à son tribunal, s'appuyer sur d'autres preuves pour les convaincre, et prononcer librement les peines du concile de Latran contre les usuriers manifestes.

Ainsi l'arbitraire fait place au droit, dans cette législation canonique dont la dureté deviendra légendaire en matière d'hérésie. C'est que les papes se sont juré de déraciner l'usure; et, pour y parvenir, il n'est rien qui les arrête, pas même les excès qui peuvent se glisser dans les réclamations (cap. XVII) des anciens débi-

(1) Par exemple saint Thomas. — En revanche, saint Bonaventure et Henri de Gand appliquent également ce texte à l'usure mentale.

(2) *Decret. lib. V, tit. XIX, cap. XI-XVIII.*

teurs, et qui deviennent matière à extorsions frauduleuses.

Cependant toutes ces digues successives, opposées au torrent de l'usure, n'avaient pu l'arrêter, Toujours le droit pontifical avaient laissé quelque fissure, par où l'usure reprenait bientôt le cours de ses ravages sous une forme ou sous une autre. Les Juifs, ces parias du monde, restaient gouvernés par leurs lois ; et l'Église ne les considéra jamais comme des hérétiques. Or, Moïse leur avait permis l'usure à l'égard des étrangers ; et Dieu sait s'ils en usèrent à cette époque où l'interdiction inintelligente de la banque aux chrétiens, constitua à leur profit le plus riche monopole qui se soit vu de mémoire d'homme. Innocent III s'indigne contre leur perfidie et leur insolence (1). Il défend aux chrétiens, sous peine d'excommunication, de nouer avec ceux d'entre eux qui pratiquent des usures énormes, des rapports de commerce ou d'autre nature, jusqu'à ce qu'ils aient accordé des satisfactions convenables. Il invite aussi les princes à sévir contre eux pour mettre fin à leurs pratiques.

Une seule exception fut apportée à ces défenses dra-

____

(1) On remarquera que si ce pape n'interdit aux Juifs que les usures « *graves immoderatasque,* » c'est qu'il ne considère pas encore l'usure comme contraire au droit divin ; car le droit divin est identique pour les chrétiens et les juifs. Alexandre de Halès, au contraire, affirmera positivement que l'usure juive est un péché mortel. Saint Thomas ne veut pas plus la tolérer chez eux que chez les chrétiens.

coniennes, en faveur du contrat pignoratif, où le beau-père garantit au gendre la dot de sa fille. Innocent III permit au gendre de recueillir les fruits du gage, pour l'aider à soutenir les charges du mariage (1).

Grégoire IX (1227-1241) (2) qui publia les Décrétales, précisa la défense de ses prédécesseurs sur un point particulier. Pour lui, le prêt de commerce ne saurait légitimer l'usure, sous prétexte que le créancier assume le péril. Cependant cette défense ne fut jamais reçue en France, et les lois n'en tinrent aucun compte. Le prêt de commerce fut autorisé par les ordonnances royales en dépit de la décrétale « Naviganti » ; de sorte que les canonistes en vinrent bientôt à lui chercher une foule de sens hétéroclites, dont la vertu fut de la réduire à rien (3).

(1) Cette exception n'en fut plus une, lorsque les canonistes, l'eurent fait rentrer, après de longues disputes, dans le cas de dommage naissant. — Ailleurs (*Décret. lib. IV, tit. XX, cap. VII*), le même pape Innocent III permet encore, dans le but de soutenir les charges du mariage, de confier la dot aux mains d'un négociant, « pour que, du produit d'un gain honnête, le mari puisse supporter les charges matrimoniales. » Ces deux passages prouvent mieux que tout le reste que les SS. Pontifes ne considé-raient pas alors l'usure comme une institution défendue par le droit divin et le droit naturel. — Les canonistes du xvie siècle virent dans cette dernière décrétale la justification du prêt de commerce (triple contrat).

(2) *Decret. cap XIX.* Le contrat de prêt fut dès lors remplacé par un contrat de société auquel l'usage fit ajouter bientôt un double contrat d'assurance destiné à garantir le capital et à assurer un gain certain pour le gain incertain qu'on espère.

(3) On distingua l'intention principale de prêter à usure *à cause* des risques, de l'intention accessoire ou secondaire de ne point perdre son argent, etc.

Le Sexte (1). — Grégoire X (1271-1276) fut amené à resserrer davantage les prescriptions, déjà si étroites, qui frappaient les usuriers. Nous avons vu que les papes, procédant d'une façon empirique, et conforme aux exigences immédiates de leur temps, se trouvaient sans cesse débordés par le fléau. Non seulement les Juifs et les Lombards continuaient à faire fi de tous les canons des conciles, mais ils trouvaient encore des complices dans les seigneurs et les rois, qui leur vendaient à très haut prix le droit de pressurer les populations ; ils trouvaient aussi des protecteurs dans les évêques eux-mêmes dont ils étaient les banquiers et les collecteurs à travers le monde. Grégoire X crut découvrir une solution satisfaisante dans le biais suivant : il interdit aux personnes ecclésiastiques, individuelles ou collectives, de prêter leur locaux aux usuriers manifestes, ou même de les tolérer sur leurs terres. Les usuriers déjà établis devaient être expulsés dans les trois mois. La suspension était portée contre les patriarches, les archevêques et évêques délinquants ; l'excommunication frappait les clercs d'ordre inférieur, et l'interdit *ipso facto* les universités et les collèges. Un mois plus

---

(1) *Sexti decretal. lib. V, tit. V, cap I et II.* Ces deux chapitres sont la reproduction du canon XVIe du concile de Lyon, tenu en 1274. — Cette décrétale, s'il faut en croire le cardinal Andréas, fut faite contre les gens de Florence, de Sinigaglia, de Pistoie, de Lucanie et d'Astie, qui parcouraient les provinces pour y prélever des usures énormes, et qui trouvaient asile chez les prélats et les princes.

tard, leurs terres étaient frappées de l'interdit pour toute la durée du séjour des usuriers.

Les laïcs pouvaient être mis en demeure par les ordinaires locaux de chasser ces usuriers de leurs terres, sous peine de censure ou d'excommunication.

Le même pape aggrave encore les peines de l'usure en ce qui concerne la sépulture. Il faut croire que les promesses de remboursement ne coûtaient pas cher à la conscience des usuriers pour obtenir la sépulture ecclésiastique, et qu'ils trouvaient encore le moyen de frauder ainsi les canons après leur mort, car Grégoire X veut une satisfaction plénière dans la mesure du possible. Ils doivent fournir caution, ou aux ayants-droit s'ils sont présents, et, en leur absence, aux ordinaires locaux, ou à celui qui en tient lieu, comme le curé de la paroisse, ou le notaire commis à cet effet par l'ordinaire. Cette caution est destinée à garantir la restitution complète des usures extorquées. Si le chiffre de ces usures est susceptible d'une exacte détermination, la caution à fournir doit en égaler le montant ; s'il ne l'est pas, le juge arbitrera une caution modérée qu'il saura cependant n'être pas inférieure au montant des restitutions, sous peine d'être tenu du sien pour le surplus.

Les clercs qui accorderaient la sépulture au mépris de ces défenses, encourraient les peines édictées par le concile de Latran contre les usuriers (refus des offrandes et de la sépulture ecclésiastique). Aucun usurier manifeste ne peut faire de testament valide, ni être admis à la confession et à l'absolution, s'il n'a satisfait ou fourni de caution convenable. Un testament, fait sans tenir compte de ces règles, est nul de plein droit.

LES CLÉMENTINES (1). — Clément V mit la dernière main à l'œuvre de ses prédécesseurs. La législation canonique, en dépit de sa sévérité, n'avait pu réussir à extirper l'usure sous toutes ses formes. Les communautés locales imposaient dans leurs statuts, acceptés sous la foi du serment, des charges très lourdes à ceux qui réclamaient la restitution des usures payées; ce qui, en fait, rendait impossible toute restitution. Le pape interdit à l'avenir, sous peine d'excommunication, la rédaction des statuts de cette nature quand ils imposent le paiement de l'usure ou font obstacle à sa restitution. La même peine est applicable à ceux qui, dans les trois mois, n'auraient pas effacé ces prescriptions, ou qui s'aviseraient de les faire observer.

Enfin la fascination des contrats palliés est telle à cette époque, qu'on ordonne aux accusés de produire leurs livres de compte, sous peine d'excommunication, dans tous les procès d'usure (2).

(1) *Clement. lib. V, tit. V de usuris.* « On convient aujourd'hui que ce décret n'est pas l'ouvrage des Pères de ce concile (concile de Vienne de 1311), qu'il n'y fut point publié avec leur approbation. Ce décret fut réservé au pape. Clément le fit et le rédigea, mais après que le concile fut terminé... Mastrofini, Discussion sur l'usure, p. 97.

(2) La glose porte que l'usurier, sommé de produire ses livres, et qui nie en posséder ou déclare les avoir perdus, n'est pas cru sur son serment. On exige d'autres preuves. Il doit donc indiquer

Mais ce qui est beaucoup plus grave, c'est que le pape Clément V, suivant ici les traces d'Innocent III, applique la procédure d'hérésie en matière d'usure. Cependant, à l'encontre d'Innocent, il l'applique non seulement aux usuriers, mais encore à leurs défenseurs. Affirmer d'une manière obstinée que l'usure n'est pas un péché, c'est s'exposer à tomber entre les mains des Inquisiteurs de la Foi, et courir le risque de cette redoutable procédure. Une simple diffamation, un simple soupçon de cette erreur, et c'est assez pour devenir justiciable de ces tribunaux (1).

En résumé, durant cette période de codification du droit canon, qui comprend moins de deux siècles, nous apercevons quatre points saillants. Alexandre III, disci-

les circonstances de la perte, comme l'incendie et la ruine. Les docteurs de droit canon se mettent ici en garde contre l'habileté des usuriers qui n'inscrivent pas leurs comptes sur des livres, mais sur des cédules qu'ils déchirent aussitôt après le paiement de la dette et des usures. Quand il s'agit de l'héritier d'un usurier qui ne l'est pas lui-même, et qui est digne de foi pour tout le reste, on s'en tiendra à son serment si l'opinion y consent.

(1) Il est bon de remarquer que le pape ne dit pas de ces défenseurs de l'usure qu'ils sont des hérétiques ; mais sa décrétale porte simplement : « *decernimus eum velut haereticum puniendum* ». C'est le cardinal Andréas qui en tire cette formule : « *Pertinaciter asserens exercere usuras non esse peccatum, haereticus est.*

En outre, comme il n'y a pas de définition dogmatique de l'usure, la condamnation porte très certainement contre les défenseurs des usures alors en cours, et qui étaient énormes et vraiment condamnables. C'est si l'on veut une mesure extrême, mais qui n'engage pas l'avenir, et sur laquelle on peut toujours revenir sans rompre l'unité de la Tradition.

ple de Gratien, défend de pratiquer l'usure. Urbain III, détournant le verset de saint Luc de son sens normal, en interdit jusqu'à l'intention. Innocent III applique la procédure d'inquisition aux usuriers. Clément V ferme le cycle en appliquant cette même procédure à leurs défenseurs, c'est-à-dire aux usuriers d'intention.

Désormais les pontifes ont épuisé leurs rigueurs et leurs pouvoirs pour arrêter le fléau. Toutes les mesures qu'ils prendront à l'avenir, seront destinées à fournir une sorte de compromis entre les besoins de leur époque et les anciennes défenses canoniques, trop rigoureuses pour s'imposer à l'acceptation de tous. Ils seront amenés dans cette voie, d'abord par le souci impérieux de ne point compromettre l'organisation ecclésiastique de leur époque, au point de vue du temporel, et aussi par la conscience de plus en plus nette de ses droits que va reprendre le pouvoir royal. Quand disparut cette féodalité remuante et oppressive qui justifiait l'intervention constante de l'Église dans le domaine civil, à une époque où son autorité était la seule universellement admise, les rois, grâce aux légistes rentrèrent peu à peu dans tous leurs attributions. Ils firent brèche à la défense absolue de l'usure, au fur et à mesure des besoins de leur temps, sans que, d'ailleurs, les papes leur fissent aucune opposition en cette matière où ils étaient entrés les premiers dans la voie des concessions (1).

(1) Sur l'application et la mise en œuvre des décrétales on se

CHAPITRE IV

LES DOCTEURS SCOLASTIQUES

Pierre Lombard. — Alexandre de Halès. — Albert le Grand. — Saint
Thomas. — Saint Bonaventure. — Henri de Gand. — Jean Duns
Scot. — François de Mayronis. — Gilles de Rome. — Durand de
Saint-Pourçain. — Buridan. — Gerson. — Saint Antonin.

· PIERRE LOMBARD (1). — P. Lombard, le véritable fondateur de la théologie scolastique, écrivit son Livre des
Sentences à l'époque où Gratien publiait son fameux
Décret, qui devait donner naissance au droit canon
proprement dit. Mais tandis que le droit canon resta
surtout cantonné en Espagne et en Italie, la théologie
devint par son origine une œuvre nationale. Elle le fut
encore dans ses développements ; car ses plus illustres

reportera utilement aux prescriptions des conciles de Ravenne de
1317, rub. 15 ; de Saltzbourg de 1386, can. XII ; etc. Pour les textes
de ces conciles, V. le Prêt de commerce de La Luzerne, t. III.

(1) *Petri Lombardi Sent lib. IV* ; Rouen, 1651, *lib. III*, dist.
37. — P. Lombard n'offre aucune originalité dans l'étude de cette
question. Il parle de l'usure dans les mêmes termes que le célèbre
Hugues de Saint-Victor, mort en 1141, (*Eruditio theol. de sacramentis ; lib. I, Pars XII, cap. VII* ; *De fructibus carnis et spiritus*, cap. VIII ; *Allegoriæ in vetus testamentum lib. III, cap.
VIII*).

représentants professèrent à Paris avec un éclat incomparable.

Pas plus que Gratien, P. Lombard n'a su comprendre les Pères sur la question de l'usure. Il ne connaît du reste que les Pères latins, dont il se contente de citer quelques passages qu'il relie ensuite d'une façon malheureuse. Il lui est arrivé ainsi de laisser résolument de côté toute la partie positive de leur enseignement, pour n'en saisir que les aspects négatifs ; et il a contribué, autant que Gratien, à noyer le grand courant de libéralisme transmis par la législation romaine, que les Capitulaires et les Conciles n'avaient pu détourner entièrement des institutions de cette époque. P. Lombard enregistre donc leurs condamnations sans en rechercher les motifs. L'usure que les Pères nomment rapine et vol, parce qu'elle fraude le prochain d'un secours auquel il a droit, devient pour lui une rapine et un vol au sens juridique du mot. Et l'usure, c'est tout ce qui s'ajoute au sort dans le remboursement d'un prêt d'argent ou d'un prêt en nature. Il y a donc usure si je prête dix boisseaux en hiver pour en recouvrer quinze à l'époque de la moisson.

Pierre Lombard se rattache pourtant aux Pères par ce fait qu'il donne à l'usure la même extension et la même portée que ces derniers, et qu'il ne distingue pas encore dans le prêt en nature, le prêt de consomption ou mutuum du prêt à usage ou commodat.

Alexandre de Halès (mort en 1245) (1). A. de Halès
limite nettement le concept de l'usure au mutuum.
L'usure c'est l'accroissement obtenu dans le prêt de
consomption. En revanche, il lui accorde une compré-
hension qu'elle n'avait pas chez P. Lombard. Non seulement l'usure de fait est coupable, mais aussi l'usure
mentale ; car si nos actes seuls relèvent de la loi civile,
nos intentions du moins relèvent de la loi divine.
L'usure est donc un vice moral, c'est un mal en soi.

Pour le démontrer, Al. de Halès invoque le verset du
ps. XIV : *Qui pecuniam non dedit ad usuram*, et déclare
par argument *a contrario*, que celui qui donne à
usure n'habitera pas dans la tente du Seigneur. Il s'appuie de même sur ce passage d'Ézéchiel, 18 : *Qui
usuram et superabundantiam non acceperit, vita
vivet* ; et sur cet autre de l'exode : *Si pecuniam dede-
ris pauperi, non urgebis quasi exactor, nec usuris
opprimes.* Enfin il interprète le v. 35 du ch. VI de saint
Luc : *Mutuum date, nihil inde sperantes*, de la manière
suivante : il est interdit de façon absolue de donner à
usure, et d'espérer quelque chose au delà du sort.

Cependant une objection s'impose. Comment faut-il
entendre l'autorisation accordée aux Hébreux d'exercer
l'usure envers les étrangers ? C'est, dit le Docteur Irréfragable, une tolérance de même nature que celle du

____

(1) *In 3 lib. Sent., q. 36, memb. 4 ; — q. 59. memb. 4. —
Summa theol., pars III, q. 36, m. 4, Cologne,* 1622.

divorce, et qui ne préservait pas les Juifs du péché mortel. Cette tolérance était destinée à éviter aux Juifs des maux plus graves. Il fallait, en effet, pour les détourner de l'usure à l'égard les uns des autres, fournir à leur amour du lucre un autre champ d'exploitation.

Saint Ambroise nous dit cependant qu'il est permis d'exiger l'usure de nos ennemis. Mais il ne faut pas entendre cette parole au pied de la lettre. Beaucoup de théologiens affirment que l'usure est permise en temps de guerre, et quand cette guerre est juste, pourvu que cette usure ne soit pas le fait de la cupidité, mais du zèle de la charité. Al. de Halès estime pourtant qu'il ne s'agit ici que « de redevances excessives, que du tribut à exiger des infidèles, pour les amener à la foi sous la pression de ce fardeau ».

Mais Dieu qui a permis aux Israélites d'emporter les vases précieux des Égyptiens (Exode, 12), a bien pu se comporter de même pour l'usure ; et cela semble plus évident, si l'on songe qu'il est moins dangereux encore de prendre la partie que le tout. La réponse d'Alexandre à cette objection est très curieuse. Les Israélites ne péchèrent point dans le premier cas, parce que le Seigneur avait fait de ces vases leur propriété préalable; tandis que dans la perception de l'usure, contraire au droit naturel, nous nous comportons à l'égard d'une chose qui ne nous appartient pas comme si elle était nôtre. L'usure renferme des caractères qui la rendent plus odieuse que le meurtre: parce que, si le meurtre est un péché en soi, il y a cependant des cas où il ne l'est pas, tandis que l'usure est un péché en soi sans distinction de circonstances.

Puisque l'usure est contraire au droit divin, elle est nécessairement contraire au droit naturel.

Cependant Justinien a toléré les centésimes, et l'on doit supposer qu'il ne les a tolérées qu'à bon escient. — Il faut entendre cette autorisation comme l'autorisation accordée par Dieu aux Juifs. C'est pour éviter un plus grand mal que la loi permet le divorce : de même, c'est pour éviter les usures oppressives qu'elle autorise les usures modérées.

Ne pouvons-nous pas néanmoins donner notre bien à qui bon nous semble, à un usurier comme à tout autre, sans que cet usurier en devienne un voleur? — On ne saurait parler de don quand Dieu interdit cette usure. Il en est de l'usure comme d'un fief : un vassal ne peut en transférer la propriété malgré son suzerain.

Al. de Halès nous prémunit encore contre cette idée que c'est la volonté des parties qui fait la loi. Aucune clause ne saurait modifier la nature d'un contrat. Et la nature du mutuum s'oppose ici à ce que l'usurier fasse de la chose d'autrui sa propre chose. D'ailleurs comment parler de liberté pour l'emprunteur? Il se produit ici une pression analogue à celle qu'on exercerait sur un homme ferme pour le contraindre à se marier contrairement à sa conscience. Il pourrait bien dire à la femme qu'on lui présenterait: Je te prends pour épouse;

mais cette parole serait insuffisante pour la validité du mariage.

Ces objections préliminaires une fois levées, Alexandre aborde le fond de la question. On objecte, dit-il, que la différence est insensible entre prêter une maison, un cheval ou des vases d'or, et prêter de l'argent. Bien plus, il ne manque pas de gens pour soutenir que le prêt d'argent rend plus de services que le prêt des chevaux, des maisons et des vases précieux. S'il est juste de stipuler un prix pour ces divers objets, n'est-on pas mieux fondé encore pour le prêt des deniers ?

Tel n'est point l'avis du Docteur Irréfragable. En effet, tous les risques de la chose louée sont à la charge du loueur, tandis que ceux de la chose prêtée sont pour le compte de l'emprunteur. C'est donc user des termes impropres que de parler du loyer de l'argent : l'argent se prête et ne se loue pas. Au reste, dans le contrat de louage, il n'y a point transfert de propriété ; et ce transfert existe dans le mutuum, suivant l'étymologie même du mot (*mutuum dicitur quasi de meo tuum*). Or, recevoir le profit d'une chose qui ne nous appartient pas, serait contraire au droit naturel : aussi l'usure est-elle un péché.

En outre, l'usage de l'argent n'a point pour effet de le détériorer ; il en est tout autrement pour une maison ou pour un cheval.

Enfin l'argent n'a pas d'utilité propre : il ne produit rien de lui-même, tandis que les choses louées, un champ, un cheval ou une maison, rapportent quelque chose à leur propriétaire. La monnaie, au contraire, ne produit que grâce à l'industrie de celui qui l'emploie.

Telle est la démonstration d'Alexandre de Halès, qui contient en germe toute la doctrine scolastique en matière d'usure. Il interdit l'usure d'une façon absolue ; et, s'il fait des exceptions, c'est simplement en faveur de la caution, pour la répétition des usures qu'elle a elle-même payées, ou au profit du créancier, lorsque, par suite de retard dans le remboursement de sa créance, il a dû lui-même contracter un emprunt usuraire. Et il n'accorde ces exceptions, à travers lesquelles on aperçoit déjà la théorie du dommage naissant, qu'en vertu du principe, que le débiteur doit indemniser le créancier de tous les dépens.

ALBERT LE GRAND (1193-1280) (1). — Albert le Grand traite la question de l'usure dans toute son ampleur. Il ne reste étranger à aucune des grandes théories scolastiques, et laisse même en arrière le subtil théologien Alexandre de Halès.

Albert le Grand nous rapporte deux définitions de l'usure. Il formule ainsi la première qui est celle de P. Lombard : *l'usure est tout accroissement qui s'ajoute au sort*. La seconde qu'il recueille dans la glose du temps sur saint Luc, 17, et sur saint Mathieu, 13, est ainsi conçue : *l'usure est le lucre dû ou perçu en vertu*

---

(1) *In 3 sent. dist.* 37, q. 1. *Opera omnia*, Lyon. 1651. T. XV, p. 393-397.

du prêt de consomption (lucrum ex mutuo ex pacto debitum vel exactum). Et c'est cette nouvelle définition qu'il retient à la suite d'Alexandre de Halès.

L'hypothèse à justifier est que l'usure est un péché. Pourquoi est-ce un péché ? Si c'est une violation du droit divin et du droit naturel, l'usure est un péché en soi ; et son interdiction n'est pas moins absolue que celle de forniquer ; si c'est une simple violation de la loi civile au contraire, ou si l'usure n'est défendue que dans la mesure où elle lèse le prochain, il faut admettre le caractère essentiellement relatif et dérivé de cette faute. L'usure, dès lors, n'est plus une variété du genre rapine : c'est un péché de désobéissance, ou un péché contre la justice en général. Car si la prohibition en faisait un péché, une concession aurait pour effet de rendre l'usure licite ; et si la lésion en faisait une faute, l'usure destinée à venir en aide au prochain prendrait le caractère d'une institution équitable. Une autre conséquence de ce principe serait que l'usure mentale est inexistante. Car si l'usure n'est pas un péché en soi, comment en condamner l'intention ?

Ceux qui soutiennent cette théorie ne manquent pas de prétextes. Moïse qui interdit l'usure entre Juifs, l'autorisa à l'égard des étrangers. Cependant Alb. le Grand n'admet pas cette opinion. Avec Ald. de Halès il assimile l'usure au divorce, sans prendre garde que rien, dans les Écritures, n'autorise cette comparaison. L'usure est donc une faute contre le droit divin, c'est une faute en soi. Le mutuum est un contrat d'une nature spéciale qu'il n'est pas permis de modifier sans violer la loi naturelle conforme au droit divin.

Quelle en est la raison ? A cette époque, les théologiens ne s'étaient pas encore mis d'accord sur une solution commune. A coup sûr, tous étaient unanimes pour décider que l'usure est un péché contre le droit naturel. Les doctrines réalistes de cette époque en faisaient une nécessité. Le moyen âge, avec sa confiance absolue dans l'existence transcendantale des genres et des espèces, crut à l'immobilité des types créés par des fictions de droit (1). Modifier le contrat de consomption revenait dès lors à porter atteinte au monde des réalités métaphysiques qui, aux yeux des théologiens, étaient des entités nettement caractérisées, avec des prérogatives spéciales et auxquelles on ne pouvait toucher sans violer le plan des choses et sans offenser Dieu. Par conséquent toute clause accessoire, susceptible de contrarier la nature d'un contrat et sa fin spéciale, devenait une faute dont on ne pouvait obtenir le pardon que par une réparation complète. La restitution des usures perçues s'imposait donc sous peine de damnation. Albert le Grand s'en montre le partisan convaincu.

Si l'usure était défendue, en vertu de la nature même du mutuum qui en fait un contrat gratuit, il ne s'en-

----

(1) Il y eut cependant des exceptions. Pic de la Mirandole, par exemple, soutenait, à la fin du xvᵉ siècle, que les espèces et les genres n'étaient pas immuables.

suit nullement que d'autres principes ou d'autres considérations, étrangères au mutuum, ne puissent devenir
à leur tour des titres légitimes pour une compensation
équitable. Albert le Grand reconnaît en effet que si j'ai
besoin de mon argent pour vivre, et que je sois contraint de le prêter, je subis de ce fait un dommage
(vexatio) dont l'usure n'est que la contrepartie.

Mais la loi civile qui tolère l'usure, n'a-t-elle pas eu
eu vue d'épargner les contestations possibles sur le
montant des dommages de toute nature, en fixant à
forfait le taux du prêt ? Par une ignorance inconcevable
de l'esprit et de la lettre du droit romain, la plupart
des théologiens et des canonistes s'imaginent que le
droit n'a eu en vue, pour fixer le taux de l'usure, que la
considération du contrat lui même en tant que contrat, c'est-à-dire du contrat-type tel qu'ils se le figu-
raient. Voici donc comment Albert le Grand se pose
à lui même l'objection : les lois civiles tolèrent l'usure ;
par conséquent celui qui se contente d'user de son
droit ne fait tort à personne.

Il y répond par la distinction du temporel et du
spirituel. Au point de vue temporel, l'usure est très
utile à l'État : c'est pourquoi l'empereur et les rois la
permettent. Mais au regard de l'éternité, le juge ecclésiastique a raison de l'interdire. L'usurier peut être utile
à l'État dans certains cas, mais il ruine la charité qui
nous fait un devoir de prêter gratuitement. On comprend
dès lors que, pour Albert le Grand, cette objection *que,*

sans emprunteurs, il n'y aurait point d'usuriers,
manque absolument de raison d'être. Celui qui réclame
un prêt, ne fait en somme qu'user de son droit : il
offre au prêteur une occasion de mérite, sans être res-
ponsable de son inhumanité.

C'était également au nom de la charité que les Pères
proclamaient la gratuité absolue du prêt à l'égard des
pauvres. Mais où Albert le Grand diffère des Pères,
c'est lorsqu'il proclame l'affectation exclusive du mutuum aux œuvres de charité. Là, résident d'ailleurs
toute l'originalité et toute la nouveauté des idées scolastiques par rapport à celles des Pères.

Ces idées cependant, il fallait les justifier au regard
de la raison. Mais ici les opinions divergent. Albert le
Grand les parcoure successivement.

Une raison toute empirique, et qui lui paraît sans
autorité, parce qu'elle n'embrasse pas la généralité des
cas, c'est celle d'après laquelle la location ne serait que
le prix du dépérissement des ustensiles et des maisons
par suite de leur usage; alors que l'argent ne dépérit
point et ne subit aucun dommage dans le prêt. Il a en
effet remarqué, comme le fera avec lui saint Thomas,
que le prêt de certains objets, pour lesquels on peut
recevoir un gain licite, n'entraîne aucune détérioration
de ces objets; et que le prix reçu dans la location, est
de beaucoup supérieur au dommage subi. C'est donc
ailleurs qu'il faut chercher l'iniquité de l'usure.

Une autre opinion, à laquelle il se range, fait intervenir l'idée du transfert de la propriété ou du dominium. Certaines choses sont susceptibles de deux emplois : on peut vendre séparément leur propriété et leur usage. D'autres, au contraire, ne sont susceptibles que d'un seul emploi : on n'en peut céder l'usage sans en aliéner la propriété. Or le mutuum ne comporte que des choses de cette seconde catégorie ; il est impossible d'aliéner leur usage et d'en retenir la propriété. Les prêter, c'est en tranférer la propriété.

Il faut remarquer qu'ici le terme emporte la chose. Le mot mutuum veut dire que, du mien, je fais le tien (*de meo facio tuum*). On ne peut donc vendre l'usage séparé de la chose dans le prêt de consomption.

Cette dernière opinion devient, à partir d'Al. de Halès et d'Albert le Grand, l'opinion classique des théologiens.

Saint Thomas (1227-1274) (1). — Saint Thomas résume, avec une clarté merveilleuse, l'enseignement de son temps en matière d'usure. S'il n'innove pas sur les principes, partout du moins où les opinions sont controversées, il choisit les plus libérales. C'était la seule tâche possible pour cet esprit lucide, aussi soucieux de respecter la tradition que les nécessités du temps.

Il faut considérer l'usure, dont le siège est le mutuum,

____

(1) *Comment. in Arist. in I° Polit.*, *lect. VIII*. — *Comment. in IV, lib. Sent. III, dist.* 37, q. 1, *art.* 6. — *Summae* 2. 2. q. 78. — *Quodlibet.* q. XIII *de Malo* ; et III, *art.* 19. — *De usuris*, *opusc* 66 de l'édit. de Parme, 1865.

comme un péché mortel. Telle est pour saint Thomas la thèse fondamentale qu'il s'agit de défendre. Il ne faut donc point dire que l'usure est un péché, parce qu'elle est une infraction à la loi ; car la loi ne défend l'usure, que parce qu'elle est un péché en soi. Dans les pays où le droit permet l'usure, les divergences entre la loi écrite et le droit naturel s'expliquent par ce fait « que le droit positif n'a surtout en vue que le bien social ; et qu'il y a des circonstances où l'on ne pourrait interdire un mal sans attirer sur la société les plus graves dommages (1). Voilà pourquoi le droit positif tolère cette institution utile, quoique contraire à la justice. Dieu ne procède pas autrement lorsqu'il tolère le mal dans le monde. Il ne veut pas supprimer le bien qu'il sait devoir en résulter. Ainsi le droit positif, soucieux de conserver aux emprunteurs les nombreux avantages que leur offre parfois l'usure, la tolère pour cette raison ». La tolérance des lois s'explique donc par l'imperfection des hommes.

Une fois levée cette objection préliminaire, saint Thomas entreprend de démontrer que l'usure est contraire au droit divin. Il le prouve comme ses maîtres par les textes de la Genèse (*Deut.* XXIII, 19, 20).

Mais alors que signifie la tolérance de l'usure à l'égard des étrangers ? Saint Thomas l'explique de la même manière que saint Ambroise. L'usure n'avait été accor-

____

(1) V. Montesquieu, Esp. des Lois, liv. 26, ch. 9.

dée aux Juifs que comme un moyen de spoliation à
l'égard des étrangers qui occupaient encore la terre
promise (1). Aussi l'interdiction de l'usure, qui est un
précepte de charité fraternelle, oblige-t-il, à plus forte
raison, tous les chrétiens entre eux

Quant à l'objection tirée de la parabole des talents
(Luc, XIX, 23), saint Thomas n'y voit qu'une méta-
phore. On connaît le passage : « Pourquoi, dit Jésus
au mauvais serviteur, n'avez-vous pas porté mon argent
à la banque ? A mon retour, je l'aurais retiré avec les
usures échues ». Pour saint Thomas, il ne s'agit ici
que de l'accroissement des biens spirituels (2).

Il répond à ceux qui ne voient dans le verset de saint
Luc (VI, 25) ; *Mutuum date, nihil inde sperantes*,
qu'un simple conseil de charité : Sans doute, vous

---

(1) L'opinion de saint Ambrois est sans fondement. De plus elle
contredit les versets de la Bible (Deut. XV, 5, 6 ; XVIII, 1, 2, 15, 44)
où cette faculté de prêter à usure est donnée aux Juifs en *récompense*
de leur fidélité au Seigneur. Ce n'est donc ni une ruse de guerre,
ni un moyen de spoliation. — Ailleurs (Deut. XXIV, 17 ; XXVII,
19), Moïse interdit les sentences injustes portées par les tribunaux
contre les étrangers. Il reprend cette défense au Lévit. XXIV, 22.
L'usure n'est donc pas davantage une atteinte portée à la justice.
— Elle ne viole même pas la charité. L'Exode (XXII, 9, 21, 23)
défend d'affliger l'étranger et de lui être à charge. Les Israélites
doivent l'accueillir en concitoyen et le recevoir en frère, parce
qu'ils ont été eux-mêmes des étrangers en Egypte. Dieu aime les
étrangers (Deut., XV, 18 ; Lévit. XIX, 33).

(2) S. Thomas n'a pas pris garde que si Jésus choisit ses
exemples dans la vie courante. il a bien soin de marquer par un
mot significatif ce qu'il en pense au regard de la justice (Matt.
XXV, Luc, XIX).

n'êtes pas toujours obligés de prêter ; et le *mutuum date* est bien un conseil ; mais si vous prêtez, il vous est interdit de prêter à nsure : cela est un précepte (1). Il convient pourtant de noter que saint Thomas, à la différence de son maître Al. de Halès, n'a pas étayé directement sa preuve sur ce texte. Pour démontrer que l'usure est contraire au droit divin, il s'en tient au Deutéronome, à Ezéchiel (XVIII), à ce qu'il croit être la tradition de l'Église et des Pères.

Mais où il insiste surtout dans ses développements, c'est sur le caractère illicite de l'usure au point de vue du droit naturel. Il en donne trois sortes de preuves.

La première est tirée d'Aristote. L'usure est un acte opposé à la nature et étranger à sa fin naturelle. *Res « si fiat praeter finem convenientem et non referatur ad finem propter quem est, erit de natura sua habens rationem mali »,* Or dans l'échange qui se propose un accroissement des choses, on s'écarte de la nature, selon ce que dit Aristote (Polit. I, 5), parce que l'avare a des désirs infinis ; et que tout ce qui participe de l'infini et de l'indéterminé est imparfait. — Les choses qui ont une fin sont finies. Or l'usure, qui est un accroissement né de l'usage des choses, devient par son but et conformément à son nom quelque chose d'étranger à la *justice*

____

(1) Selon les Pères, il faudrait entendre autrement cette parole. On est toujours obligé de donner ou de prêter son *superflu* aux besoigneux. Mais ils ne disent nulle part que le mutuum doit être gratuit pour les riches en vertu de sa nature propre.

commutative naturelle, qui est bornée aux besoins finis de l'homme. Dans le prêt à usure, la monnaie s'échange pour elle-même, et non pour la fin de la vie, qui est le but du mutuum : *Itaque et maxime praeter naturam et rationem ista pecuniarum acquisitio est, scilicet quae est per thokos, id est in mutuo pecuniae pro augmento pecuniae* ». L'usure naît donc de la cupidité qui est mauvaise et contre nature.

Une autre raison propre à tout le moyen âge, et due au caractère réaliste de ses spéculations, se trouve magistralement développée dans saint Thomas (1). Comme

(1) Cette preuve que nous avons déjà rencontrée chez Albert le Grand se trouve en germe dans Lactance (*Divinar. Instit.* lib. 6, cap. 18) : « S'il (le prêteur) prête de l'argent, il n'en retirera point d'usure, *afin de laisser subsister en son entier un bienfait* qui vient au secours de la nécessité, et de s'abstenir entièrement du bien d'autrui Quand il s'agit de secourir le prochain, le créancier doit se contenter du remboursement de ce qu'il a prêté, lui qui d'ailleurs ne doit pas tenir à son bien quand l'occasion se présente de faire une bonne œuvre. Il n'est pas juste d'exiger plus qu'on n'avait prêté : c'est tendre des pièges et profiter de la misère d'autrui. Le vrai juste ne perd aucune occasion de se montrer miséricordieux, et il n'aura garde de se souiller par des œuvres pareilles. Il aura au contraire l'avantage de conserver son bien, et de compter au rang des bonnes œuvres les prêts qu'il fera. Il n'acceptera aucun présent de la part du pauvre, et les services qu'il lui aura rendus seront d'autant plus méritoires qu'ils n'auront eu pour motif aucune vue d'intérêt propre. »

La différence qui existe entre le raisonnement de Lactance et celui de saint Thomas, c'est que le premier impose le prêt gratuit « quand il s'agit de secourir le prochain » tandis que le second impose les secours gratuits toutes les fois qu'on se sert du prêt. C'est d'ailleurs par cette raison qui lui est propre, que le moyen-âge se caractérise avec le plus de force et d'originalité dans l'histoire des doctrines relatives à l'usure.

le propre du mutuum, dit-il, est de contenir un don, il en résulte nécessairement, que tout ce qui s'ajoute à ce don et lui enlève son caractère de libéralité et de bienfaisance, détourne ce contrat de sa nature et corrompt par suite la vertu de justice universelle, En effet, dans cette translation où l'acte de donner doit être observé principalement, on ne doit à aucun prix corrompre son caractère de libéralité. C'est pourquoi, s'il s'ajoute à un acte de cette nature une circonstance qui corrompe la libéralité du don, cet acte sera mauvais, vicieux et coupable. Or une circonstance de cette nature s'y ajoute quand le don renfermé dans le mutuum se fait en vue d'un lucre, soit réel, soit espéré ; car ce qui s'opère en vue d'un profit, n'a pas lieu en vue d'une libéralité pure. Il en résulte que l'usure est toujours un mal et un péché, non seulement par la nature de sa fin et de son contenu, mais encore en raison de la nature de l'acte propre en vue duquel le mutuum est destiné.

Le don de l'emprunteur ne saurait excuser le créancier du crime d'usure, parce que recevoir ou espérer cet accroissement, c'est supprimer la raison d'être du bienfait et de la libéralité. Or le mutuum, ainsi que son nom l'indique, ne contient pas les mêmes raisons d'être que la vente et l'échange ; et il n'appartient pas à la volonté du prêteur de modifier la nature de ce contrat. Saint Thomas ne va pas pourtant jusqu'à condamner l'espoir d'un don qui ne serait espéré qu'à titre de don, et non à titre de profit et de lucre. Il existe en effet cette différence entre la simonie et l'usure, que l'intention ne saurait absoudre le simoniaque de son péché, parce que la matière du don ne lui appartient pas ; tandis que, dans le prêt, l'emprunteur ne donne que son bien.

Enfin saint Thomas aborde la série des preuves classiques par excellence, preuves empiriques en quelque sorte, par opposition aux deux preuves précédentes, dont la première implique l'idée de souverain bien, et dont la seconde est d'ordre purement ontologique. Il faut maintenant démontrer cette proposition que, dans l'usure, *on fait sien par fraude, ce qui n'est pas sien.*

Une première raison, toute économique, qui lui est commune avec Aristote ,1) et l'auteur inconnu (2) du commentaire apocryphe sur saint Mathieu (attribué à saint Jean Chrysostome), c'est que les choses fongibles ont une utilité intrinsèque qu'il refuse à l'argent. La monnaie, qui est la mesure de l'utilité des autres choses n'a pas par elle-même d'usage susceptible d'évaluation. C'est pourquoi recevoir une somme supérieure à la somme donnée, ne paraît être qu'un changement de mesures dans l'intervalle du prêt et de la restitution.

Saint Thomas aborde ensuite une raison d'ordre essentiellement juridique, qui a fait fortune au moyen âge, et dont nous avons déjà rencontré des ébauches

----

(1) Ethiq. à Nicom. 1.

(2) Homilia 38 : « *Pecunia non ad aliquem usum disposita est, sicut ager vel domus, sed ad pretium emendi vel vendendi* ». — V. Alex. de Halès.

intéressantes chez ses maîtres Al. de Halès et Albert le Grand.

Une autre raison assignée au péché d'usure, dit-il dans son Commentaire sur les Sentences, c'est que, dans le prêt d'argent, il se fait un transfert de la propriété qui n'a point lieu pour une maison ou pour d'autres objets : et dont il paraît juste de recevoir une rémunération en échange de l'usage. Pour la monnaie au contraire, dont l'usage est inséparable de la propriété, recevoir quelque chose à raison de cet usage, c'est recevoir quelque chose de quelqu'un pour l'usage que celui-ci fait de sa propre chose : c'est donc une exaction et un péché.

Saint Thomas revient encore sur cette preuve dans sa Somme, où il la développe avec une extrême complaisance. Recevoir une usure pour un prêt d'argent, dit il, est injuste en soi, parce que c'est vendre ce qui n'existe pas. « Il y a, en effet, des choses dont l'usage se borne à les consommer : se servir du vin, c'est le boire ; se servir du froment, c'est le manger. Dans ce cas et dans d'autres semblables, l'usage est inséparable de la chose elle-même. Céder à quelqu'un cet usage, c'est lui céder la chose. Voilà pourquoi, il s'opère un transfert de la propriété dans le mutuum. Vouloir vendre séparément le vin et son usage, ce serait vendre deux fois la même chose, ce serait vendre *une* chose qui n'existe pas : il en résulterait un péché manifeste contre la justice. » Mais il y a d'autres choses dont l'usage n'épuise pas la substance : on peut habiter une maison sans la détruire.

L'usage de ces choses est donc séparable de leur propriété : je puis, par exemple, vendre ma maison et m'en
réserver la jouissance pour un certain temps, ou *vice
versa*. Mais en ce qui regarde la monnaie, il faut savoir
que sa nature primordiale, que son usage essentiel est
de servir d'intermédiaire dans les échanges. L'employer,
c'est la consommer. Voilà pourquoi il est injuste en soi
de recevoir un prix pour le prêt d'argent. C'est une
usure. Or, de même qu'on est tenu de restituer les biens
mal acquis, on doit restituer l'argent obtenu par l'u-
sure (1). Cette obligation est absolue : elle s'étend indistinctement aux chrétiens et aux juifs.

Mais si l'usure n'a pas la raison d'être du loyer, ne
saurait-on, du moins, distinguer entre le prêt de consomption pur et simple et le prêt fait aux marchands et
aux artisans (prêt de reproduction)? Non, dit saint
Thomas, si tous les risques restent à la charge de
l'emprunteur ; parce que le transfert de la propriété est
aussi complet dans un cas que dans l'autre. Mais s'il
existe entre le bailleur de fonds et le marchand ou l'artisan, une sorte de société, le transfert de l'argent n'a
plus lieu : le marchand négocie et l'artisan travaille aux
risques et périls du prêteur, qui peut ainsi réclamer une
partie du profit comme provenant de *sa* chose. Dans ce
cas, le gain espéré est à l'abri de tout reproche, parce

____

(1) Saint Thomas rejette avec Albert le Grand cette opinion que
l'usure est illégitime parce qu'elle ne répond à aucune détérioration de l'objet prêté. V. Albert le Grand.

que l'on a confié son argent de la même manière qu'on le confie à l'esclave ou au serviteur qui négocient avec l'argent du maître. Le profit du commettant n'est plus un profit qui s'ajoute au sort sans juste cause, mais un profit acquis dans de justes échanges par le moyen de *son* argent.

Ainsi donc, l'usure consiste à vendre deux fois la même chose, ou à *vendre une fois ce qui n'existe pas.* Dans son traité sur l'usure, saint Thomas, revenant sur la même idée, la concrétise d'une façon pittoresque dans cette formule, que l'usure consiste à *vendre le temps.* Vendre le temps, c'est-à-dire vendre ce qui n'existe pas, ce qui n'est à personne, telle est la pierre de touche des contrats usuraires. Aussi dans tous les contrats où n'intervient pas cette considération, saint Thomas se refuse nettement à les qualifier d'usuraires. Il justifiera ainsi du reproche d'usure, les ventes à terme, les contrats de rentes viagères, de rentes à temps, le change, etc. (1).

(1) Cependant saint Thomas n'admet pas l'escompte proprement dit ; car, écrit-il à Jacques de Viterbe, il n'y a pas d'usure qu'on ne puisse excuser à l'aide de ce prétexte. Il semble pourtant que la théorie du juste prix aurait pu l'amener à cette concession. Le marchand qui reçoit sur-le-champ son argent, peut vendre sa marchandise au juste prix le moins élevé, au lieu de la livrer au prix moyen ou même au prix le plus élevé. La différence constitue précisément l'escompte. — L'escompte pourrait encore se ramener aisément au titre du lucre cessant. Mais saint Thomas qui réduit le lucre cessant au cas où l'on est déjà *in via habendi,* n'aurait pas admis ce détour accepté par les théologiens de l'âge suivant.

Théorie de l'intérêt. — Saint Thomas admet « l'intérêt » qui résulte du dommage causé par le prêt au créancier, et qui n'est point perçu par manière de lucre. Ce dommage doit être prévu au moment du prêt ; car s'il se produisait en dehors de toute prévision et dans l'intervalle du prêt, l'emprunteur ne devrait pas en supporter les effets, attendu qu'ils n'arrivent que par la sottise du prêteur. Mais ce dommage comporte dans l'esprit de saint Thomas ce que les docteurs comprirent plus tard sous les noms de dommage naissant et de lucre cessant (1). L'intérêt du lucre cessant interdit par saint Thomas, est un lucre purement probable et non fondé sur des prévisions certaines. — Outre le dommage qui résulte d'une diminution du patrimoine et d'un profit perdu, saint Thomas reçoit encore le dommage qui résulte d'un retard dans le remboursement.

La Restitution. — Elle s'étend à tout ce que l'on a reçu au delà du sort, et, par suite, au dommage et à l'intérêt auxquels ces usures peuvent donner lieu. A vrai dire, ce dommage et cet intérêt n'existent pas pour les sommes d'argent, dont l'usage se confond avec la substance, mais seulement pour les objets susceptibles de location, comme une maison, un cheval, etc. Le gain fait sur ces choses locatives reste dû, même après qu'on les a restituées ; parce que, dans les choses locatives, il faut apprécier ces choses elles-mêmes et leur usage.

(1) « *Mihi aufers quod actu habebam aut impedis ne adipiscar quod eram in via habendi* (*Summæ* 2, 2, q. 64, art. 4).

Fondements de la restitution. — Il n'est pas permis de retenir un bien en l'absence de juste titre. La justice naturelle oblige donc à restitution. On met en avant le titre de loi. Mais les lois n'ont en vue que le maintien de la paix entre les hommes et ne punissent que ce qui détruit le bon ordre. Quelquefois elles vont plus avant, atteignent la justice véritable et interne, et punissent l'usure de la même manière que les lois canoniques ; mais il arrive aussi très souvent qu'elles restent en deça du droit naturel et de la loi divine. Les lois civiles ne sont donc pas un titre pour la restitution. Autrement il faudrait en conclure que quand les lois tolèrent l'usure, la restitution est sans fondement.

Sur l'absence de juste titre tout le monde est d'accord ; mais, sur la raison de cette absence, on peut ranger les docteurs en deux catégories. Les uns procèdent d'une façon plus théologique, et affirment simplement qu'on ne transfère pas le domaine des choses payées à titre d'usure. Les autres, plus soucieux du droit écrit et des lois humaines, affirment la translation pure et simple de ce domaine. Il en résulte que, dans l'opinion des premiers, la restitution doit se faire en nature, tant que la chose existe ; alors que, dans le système des se- seconds, la vente et le don des objets donnés à titre d'usure sont valides, et que l'usurier n'est tenu que d'en restituer l'équivalent. Saint Thomas adopte ici l'opinion des seconds. Tant que l'usure reste entre les mains de l'usurier, elle doit se restituer en nature ;

si elle est consommée, on en restituera l'équivalent ;
et si elle est aliénée, la valeur (1).

SAINT BONAVENTURE (1221-1274) (2). — Toute usure
est une fraude qui consiste à vendre à quelqu'un ce
qui lui appartient. La loi de Dieu nous impose à tous
l'obligation de venir en aide à notre prochain par le
moyen du prêt : c'est donc un vol de vendre au prochain ce service obligatoire. Exiger quelque chose de
lui en vertu d'un pacte, c'est le contraindre à payer ce
qu'il ne doit pas. Aussi a-t-on de tout temps prohibé
l'usure au même titre que le vol. C'est, sous les dehors
du négoce, le vol du bien d'autrui de l'aveu du propriétaire.

Que devient alors la maxime : *Volenti non fit injuria*? — Saint Bonaventure distingue deux volontés,
l'une conditionnelle et l'autre absolue. Le paiement de
l'usure est consenti et payé en vertu de cette volonté
conditionnelle, qui fait que l'emprunteur préfère se
dépouiller d'une partie de son bien que des avantages
résultant pour lui du mutuum. Mais si l'on se place au

(1) Ce fut le système des premiers, ou partisans du non-trans-
fert de l'usure aux mains du prêteur, qui prévalut chez les casuistes. Dès lors l'usure ne fut plus considérée que comme un vol
pur et simple. Celui qui avait payé l'usure conservait sur sa chose
un droit réel qu'il pouvait exercer contre n'importe quel déten-
teur. Ce droit était d'autant plus rigoureux que la prescription
n'existait point en matière d'usure. Albert le Grand penchait avec
saint Thomas pour la théorie du transfert, dont les conséquences
étaient moins rigoureuses.

(2) *In 3 Sent., dist.* 37. — *Centiloq.* I, *sect.* 31. Mayence, 1609.

point de vue de la volonté absolue, il n'est pas douteux
qu'il ne préfère trouver dans le mutuum un bienfait
gratuit. — Si l'emprunteur paie l'usure sans y être contraint par le besoin, il commet une faute. Mais comment
déterminer les besoins légitimes qui nous obligent à
emprunter et à payer l'usure ? Cela dépend de la condition des personnes et de leurs habitudes : un homme de
bon sens en fera le départ.

L'usure est donc un fruit de l'avarice, qui consiste à
vendre l'usage d'une chose qui ne nous appartient pas,
à faire payer des détériorations qui n'existent point, et
les fruits d'une chose qui n'est point frugifère.

Il existe deux sortes d'usure : l'usure mentale et
l'usure réelle. La première consiste dans ce fait, que
l'emprunteur, sans avoir stipulé des conditions usuraires, espère cependant un profit sans lequel il n'aurait
point prêté. Pour Dieu, qui lit dans nos cœurs, c'est une
usure véritable. C'est pourquoi il a dit : Prêtez sans en
rien espérer (1).

L'usure de fait est expresse ou tacite. Elle est tacite,
si l'on prête des choses de même espèce, comme du blé
pour du blé, à une époque où ces choses atteignent un
prix supérieur ; ou lorsqu'on fournit du vieux blé pour du
nouveau. L'usure tacite existe encore lorsque, par suite
des délais accordés, on vend des objets au-dessus du
juste prix ; ou lorsque le prêt devient en retour le motif

____

(1) Saint Bonaventure reproduit ici l'interprétation du pape
Urbain III. Voy. chap. III.

d'un service ou d'un présent. Il y a usure tacite dans
les sociétés où les risques ne sont point partagés en
commun. L'usure existe dans ces divers cas, parce que
le prêteur n'a en vue que son propre avantage, et non
les besoins du prochain. — L'usure est manifeste, au
contraire, s'il y a promesse de restituer davantage, ou
obligation de rendre le même service, stipulées dans un
pacte.

Sur la question des rentes, saint Bonaventure, déclare
qu'elles sont illicites quand elles sont personnelles. Il
veut que les rentes soient constituées sur un fonds, et
garanties par les fruits de ce fonds. Autrement, il arri-
verait, avec le temps, que le débiteur débourserait plus
qu'il n'a reçu.

Henri de Gand (1222-1298) (1). — Le Docteur Solen-
nel est un traditionnaliste rigide qui insiste plus que
tous ses devanciers sur le vice radical de l'usure mentale. Le don accepté à la suite d'une espérance de cette
sorte, est une usure véritable dont on doit réparation au
prochain; car le verset de saint Luc condamne tout
espoir de cette nature. Cependant H. de Gand n'interdit
pas d'espérer simplement quelque chose à la suite d'un
prêt, mais de faire ce prêt dans l'intention *principale*
d'en recevoir un profit.

Puis il nous met en garde contre cette idée que l'usure
n'est un péché que par la détermination de l'Église :

(1) Quodlibeti VI, quaest. XXVI; VIII, q. XXIV. Venise, 1613.

c'est au contraire parce que l'usure est un péché que l'Église la considère comme telle. Et il s'élève contre « l'erreur extrême des légistes qui méconnaissent la nature du péché d'usure ; et qui, rencontrant dans leurs lois des usures permises, déclarent que les usures ne sont illicites qu'à raison de la défense des canons ecclésiastiques ».

Rentes constituées. — H. de Gand apparaît surtout au moyen âge comme le grand adversaire des rentes constituées. Pour les combattre, il invoque les principes d'Aristote sur la monnaie et sur l'usure.

La monnaie fut inventée pour faciliter les échanges : c'est là son emploi normal. Elle peut encore servir à la pompe et à l'ostentation : c'est là son usage dérivé. Dans le premier cas, on ne saurait la prêter sans en aliéner la propriété, ainsi qu'il arrive pour les choses non fongibles. Recevoir une usure, c'est donc recevoir quelque chose en retour d'une chose qu'on n'a point fournie, c'est prendre une partie du bien d'autrui, c'est violer la justice naturelle. Dans le second cas, au contraire, l'usage de la monnaie est séparable de la propriété, et sa location est légitime. En dehors de ce cas, la monnaie n'a pas d'usage propre, comme la terre ou une maison. Recevoir le prix de son usage, c'est donc en outre recevoir quelque chose pour rien, comme si notre bien avait engendré pour autrui, comme si notre monnaie avait mis au monde de la monnaie semblable :

ce qui est une iniquité manifeste et une violation flagrante des lois de la nature.

Si l'on y regarde de près, on verra qu'il se produit, dans le *contrat de rentes viagères*, une location ou un échange de cette nature. Prenons un exemple. On donne 100 livres parisis pour une rente annuelle de 15 livres tournois. Le capital est reconstitué en 9 ans ; et le rentier a perçu en outre 10 livres tournois. Que remplissent ces 10 livres, sinon le rôle d'usure ?

Des théologiens soutiennent que ce contrat, s'il est usuraire au fond, ne l'est point en la forme. Henri de Gand n'admet pas cette manière de voir. Certes, ce contrat est usuraire, « mais il ne faut point en demander la raison aux juristes. C'est aux théologiens et aux philosophes qu'il faut avant tout s'adresser, puisque cette iniquité est contraire au droit naturel et au droit divin. S'il en était autrement, les philosophes ne condamneraient point l'usure, ils n'en feraient point une œuvre de péché ». Remarquons, en outre, que les usuriers reçoivent de toutes mains, qu'ils ne dédaignent aucun profit, ni grand ni petit ; bref, ils ne se montrent délicats ni sur la source, ni sur le montant de leurs gains. Qu'est-ce donc en fait que l'usure, sinon l'espoir de recevoir plus que l'on a donné ?

C'est donc de la condamnation de l'usure mentale, péché de même nature que l'usure réelle, que le théologien Henri de Gand tire ses raisons de condamner les rentes viagères, et d'affirmer qu'elles sont une usure, non seulement pour le fond, mais encore pour la forme.

Cependant cette pratique est courante chez beaucoup de religieux et de religieuses. Comment résoudre l'objection ? D'une façon très simple. « Je dis et crois fermement, déclare H. de Gand, que si les religieux donnent ce conseil, ils manquent en cela de sagesse. C'est leur ignorance du droit naturel en matière d'usure qui les induit en erreur et fait qu'ils y induisent autrui. » Puis il feint de croire que les religieux s'abstiennent depuis longtemps de ces pratiques, et se gardent bien de les conseiller aux religieuses. Et « si de faibles femmes disent, pour excuser leur cupidité, qu'elles ont reçu ce conseil des religieux, elles mentent... ».

Si les rentes viagères ne sont qu'usure palliée, en est-il de même des *rentes perpétuelles* ? Oui, si elles sont constituées à prix d'argent ; et, ici, le caractère de perpétuité ne fait encore qu'aggraver tout l'odieux de ce contrat. Qu'est-ce, en effet, sinon la preuve d'une cupidité qui ne sait pas se renfermer dans le temps présent, et qui veut encore se survivre à elle-même dans les héritiers. Ce contrat d'ailleurs n'est pas une vente, puisque nous ne trouvons devant nous que de l'argent donné et de l'argent reçu, quoique en plusieurs versements : c'est donc un pur mutuum. Pour qu'il y eût vente, il faudrait faire intervenir deux contrats : 1° un achat de fonds avec la somme que l'on veut constituer en rentes perpétuelles ; 2° une vente de ce fonds contre une rente annuelle payable à vie ou à perpétuité. Les rentes ne représenteraient donc que le prix du fonds, ou celui de son usage : elles seraient le prix d'un droit véritable, droit de propriété ou droit d'usufruit.

Jean Duns Scot (mort en 1308) (1). — Le Docteur Subtil déclare que la règle à observer dans le prêt de consomption, c'est simplement l'égalité en poids, nombre et mesure, sauf quelques exceptions. La raison en est, pour plusieurs, que l'usage de la monnaie consiste dans sa consomption. Scot ne partage pas cette opinion universellement admise. Il déclare, au contraire, que la monnaie est une de ces choses dont l'usage est perpétuellement séparé de la propriété. L'usage de la monnaie est si réel, son emploi utile est si évident, qu'on peut louer cet usage, notamment dans un but d'ostentation et d'ornementation, pour faire croire à sa fortune et à ses ressources.

Aussi une meilleure raison à fournir, c'est que, suivant l'étymologie du mot mutuum (*do tibi meum*), on transfère la propriété de l'argent dans le prêt. Recevoir quelque chose pour une somme qui ne nous appartient plus, c'est vendre ce qui n'est pas à nous.

Il y a encore une autre raison pour établir l'illégitimité de l'usure. Si l'argent du prêt demeurait entre ses

---

(1) *Com. in IV lib. Sent.*, *lib*. IV, *dist*. 15, q. 2 et 9 ; *scholium de usura*, t. IX, p. 171 à 192. Lyon, 1639.

mains, il ne rapporterait pas de fruit à son propriétaire ; comme cela se produit dans les plantes. Le propriétaire n'en retire donc du fruit que par le travail d'autrui, c'est-à-dire par l'industrie de celui qui s'en sert. Le propriétaire qui prétend retirer du fruit de cet argent, s'approprie donc le fruit du travail d'autrui.

Mais il y a deux exceptions à cette règle. Il est quelquefois permis de recevoir quelque chose au delà du sort : 1° en vertu d'un pacte ; 2° en l'absence de pacte.

I. — *En vertu d'un pacte.* — A. Par manière de peine conventionnelle, pourvu qu'elle n'intervienne pas en fraude de l'usure. P. ex.: j'ai besoin d'argent à telle époque pour mon commerce. Passé ce délai, vous me paierez une somme pour le dommage subi. La clause est licite, car elle n'a pour but que de m'indemniser d'un dommage L'indice qu'elle n'est point stipulée en fraude de la loi, c'est que le marchand préférerait le remboursement à jour fixe et sans indemnité, au paiement retardé avec indemnité.

B. Par manière d'intérêt. Le débiteur qui, faute de remboursement à terme, cause un préjudice notable au créancier, est tenu en justice de lui payer un intérêt. Les tribunaux, en l'absence de pacte, pourraient bien refuser au créancier une action contre son débiteur ; ce dernier n'en serait pas moins tenu au for interne de payer un intérêt.

C. Quand le capital et l'accroissement sont soumis à un *fait incertain.* Scot raisonne ici par analogie avec l'usure maritime où l'incertitude tient lieu d'excuse.

II. — *En l'absence de pacte.* — En dehors de tout pacte verbal, ou de tout signe équivalent de nature à montrer au débiteur qu'on ne lui prêterait pas sans espoir de gain, l'intention seule de recevoir quelque chose au delà du sort, ne rend pas celui qui reçoit un don propriétaire du bien d'autrui. Car l'emprunteur qui restitue le capital, a le droit de transférer également la propriété de ce surplus. Dès lors, placé entre les mains de l'usurier, ce bien n'est pas le bien d'autrui.

Scot s'éloigne du bon sens lorsque, pour ôter à l'usure tout prétexte, il déclare, à la suite de saint Thomas, que le créancier peut toujours se réserver l'argent nécessaire pour s'épargner un dommage. Il s'éloigne également des Pères quand il déclare que personne n'oblige le prêteur à se montrer miséricordieux envers le prochain ; parce que, s'il veut faire la charité, la loi divine s'oppose à ce qu'elle soit viciée.

Enfin moins heureux ici que saint Thomas, il établit l'illégitimité de l'usure, en droit divin, sur le fameux texte de saint Luc : *Mutuum date, nihil inde sperantes.*

L'obligation de restituer l'usure est de même nature que celle de restituer le sort.

En somme, Scot est, autant que saint Thomas, un des esprits les plus judicieux et les plus libéraux de l'époque en matière d'usure. Il ignore les exagérations dont foisonnent les écrits du temps.

FRANÇOIS DE MAYRONIS (mort en 1325) (1). — Il fut disciple de Scot et surnommé le Docteur Illuminé. Il expose, en matière d'usure, une doctrine aussi humaine que libérale, doctrine qui est proprement celle des Pères sous une forme scolastique. A première vue, dit-il, l'usure semble licite, car elle est volontaire, et, par suite, légitime ; s'il est vrai que les couventions soient choses conformes à la nature. Cependant il faut distinguer deux sortes de volontés. Le contrat est licite, quand l'emprunteur jouit de sa liberté pour contracter ; mais si l'emprunteur n'a pas d'autre moyen de se procurer des fonds, on ne peut point dire qu'il soit libre. Il ressemble au marchand qui jette ses marchandises à la mer.

Ce que condamne Fançois de Mayronis, c'est l'usure exigée des pauvres, c'est l'égoïsme se substituant à la charité : il tolère donc implicitement le prêt à usure fait aux riches et aux commerçants.

Nous allons retrouver ce libéralisme, presque aussi accusé, chez un autre mystique de la fin du XIVe siècle, Gerson. Tous deux sont ainsi fidèles aux principes de la théorie platonicienne des Lois, alors que tous les tenants d'Aristote, et les nominalistes, comme Durand de Saint-Pourçain, proclament à l'envi que l'usure est contre nature.

GILLES DE ROME (mort en 1316) (2). — C'est un adver-

____

(1) *In IV, lib. sent., lib.* IV, XVI. 1. Venise, 1520.
(2) *Egidii de regimine principium.* — *P. Lombardi in IV libros sentent. Egidii de Roma elucubrationes*, III, 37. Venise, 1498, et Cologne, 1516.

saire féroce de l'usure. Pour lui l'usure est une variété
du vol : c'est proprement une fraude et une rapine, que
les rois et les princes doivent interdire d'une façon
absolue, et sans tenir compte de son caractère utile.

Les raisons qu'il en donne n'offrent rien d'original.
L'usure est un produit artificiel de la monnaie. Dans
l'usure on vend deux fois la même chose.

Gilles remarque avec Aristote que les choses sont
susceptibles de deux usages ; un usage propre et un
usage dérivé. La destination propre de la monnaie est
de servir aux échanges, de se dépenser et de s'aliéner.
Un usage dérivé de la monnaie consiste à en faire étalage. Qu'il s'agisse d'usage propre ou dérivé, le prix de
l'usage est légitime toutes les fois que cet usage est séparable de la substance au moment de la cession. Ainsi
la location de la monnaie pour l'étalage, ou la vente
d'une maison sont légitimes. Le prix reçu n'est pas une
usure. Mais il pourrait y avoir usure, si le vendeur
d'une maison n'en recevait pas immédiatement le prix.
Comme la vente n'est ici qu'un usage dérivé de la maison, dont l'usage propre est l'habitation, le propriétaire
qui voudrait tirer une somme d'argent de l'usage de sa
maison postérieur à la vente, commettrait une usure ;
parce que l'usage de la maison ne lui appartient plus
après qu'il en a cédé la substance dans la vente.

Il convient donc, pour régner conformément à la nature, que les rois et les princes prohibent l'usure, afin
d'interdire ce qui est contraire au droit naturel.

Durand de Saint-Pourçain (mort en 1333) (1). — Il
accepte les données traditionnelles, reconnaît que l'u-
sure est défendue par le droit divin contenu dans les
Saintes Écritures, et en particulier dans saint Luc, et
déclare qu'elle est contraire au droit naturel, parce
qu'elle consiste à vendre deux fois la même chose.

Mais il y a deux manières de recevoir quelque chose
au delà du sort : 1° comme prix du mutuum ; et c'est le
cas pour l'usure ; 2° comme récompense de sa peine ou
du service rendu par le prêteur ; et cette récompense est
licite, le cas échéant. Qu'on suppose, par exemple, un
banquier établi par le chef de l'État pour prêter aux indigents. Cela est utile au bien public, car l'absence de
prêts causerait pour beaucoup de graves préjudices.
Prêter, c'est donc rendre un service à l'État, service pour
lequel les banquiers auraient le droit de recevoir un traitement annuel qui n'offrirait rien d'illicite, puisque tout
service rendu à la république, mérite nécessairement récompense. « Une récompense de cette nature, qui leur
serait accordée par l'autorité publique, ne semble pas
illicite ; bien plus, elle paraît aussi juste que méritée ;
mais je n'ai jamais ni lu ni ouï dire qu'il en ait été
statué ainsi quelque part ».

Durand accepte le titre d'excuse du dommage naissant ; mais le prêt de commerce ne lui semble pas de
nature à pouvoir légitimer l'usure. Bien plus, le com-

____

(1) *Comment. in IV libros Sent. III*, 37. Lyon, 1595.

merçant qui n'emprunte à usure que pour grossir sa fortune, et ne fait de commerce que par cupidité, et non pour vivre décemment, commet une faute. Il fournit aux prêteurs une occasion directe de péché ; alors que Dieu nous a confié le soin de veiller sur notre prochain. Il pèche également celui qui, pressé par le besoin, fixe lui-même le taux de son emprunt: s'il dit, par exemple : prêtez-moi 100 et je vous restituerai 120. L'emprunteur besoigneux, au contraire, qui ne paie pas l'usure comme prix du mutuum, mais pour s'épargner un mal plus grand, et avec l'intention de la répéter lorsqu'il en sera besoin, ne commet pas de faute.

Le procédé préconisé par D. de Saint-Pourçain est donc tout à l'avantage des emprunteurs ; et, s'il parle de rémunération pour les banquiers, c'est qu'il n'ignore pas la dureté des prêteurs et le peu d'empire de la charité sur les cœurs. Il se préoccupe si peu de l'intérêt des créanciers, qu'il déclare qu'on n'est point tenu à récompense à l'égard du prêteur qui n'a rien stipulé au-delà du sort, ou qui a restitué cet excédent ; parce que ce prêteur n'a fait que remplir son devoir.

BURIDAN (naquit au début du XIVe siècle) (1). — Il résume toute la scolastique dans un assemblage fastueux de divisions et de subdivisions qui ne laissent place à aucune pensée originale. Nous signalerons

(1) *Quaestiones super octo libros politicorum, lib. I, q. XII et XIII*. Paris, 1513.

pourtant deux réflexions jetées en passant, et sur lesquelles il n'a garde d'insister. Buridan n'accepte qu'a-
vec hésitation cette formule d'Aristote que la soif des
richesses est infinie. Mais il ne formule là qu'un simple
doute (1) Buridan voit en outre que toute la question de
l'usure pourrait se ramener en somme à une pure direction d'intention. Il suffit de savoir diriger convena-
blement sa pensée pour ne point commettre d'usure
formelle. Buridan n'admet point cependant que ces
sortes de contrats soient à l'abri de toute faute.

Sur les rapports entre l'usure et le droit civil, Buridan est beaucoup moins original et bien moins tolé-
rant que saint Thomas, ou même que son maître Albert
le Grand. Il est des cas où, dit-il, un gouvernement
bien réglé doit tolérer l'usure, afin d'épargner une foule
de maux qui naissent de sa prohibition. Il y a d'autres
cas, au contraire, où il faut l'interdire ; et c'est quand
l'autorisation de l'exercer causerait plus de maux que
de biens. Il importe donc au plus haut point de posséder de sages législateurs, capables de prévoir les conséquences futures des lois qu'ils édictent. Permise ou
non, il convient néanmoins de flétrir l'usure chez ceux

---

(1) Aristote entend par ce mot d'infini quelque chose de déréglé,
d'imprécis, de désordonné. C'est l'école d'Alexandrie qui donna
pour la première fois ce nom à l'un des attributs divins.

Buridan aurait cependant raison contre Aristote, s'il prétendait
par là que l'usure est commandée, non seulement par nos pas-
sions, mais encore par les besoins de la cité. Cette considération
ferait, en effet, rentrer l'usure dans l'ordre politique. V. Aristote.

qui la pratiquent : on doit les priver d'honneurs, les
déclarer infâmes, et leur refuser la sépulture ecclésiastique. En outre, il faut interdire l'usure à certaines
classes de la société ; il faut l'interdire aux prêtres, pour
ne citer qu'eux.

Buridan a dressé un inventaire des principaux contrats palliés de son époque, qui suffit à prouver combien
bien vaine était alors la prohibition absolue du prêt à
usure.

GERSON (1363-1428 (1). — Gerson se demande tout
d'abord si l'usure est contraire au droit naturel. Ceux
qui le soutiennent disent : 1° qu'il est contre nature
que la monnaie engendre de la monnaie ; 2° que l'usure
permet de vivre dans l'oisiveté; 3° que les emprunteurs, trouvant aisément de l'argent, le dépensent sans
retenue, ne vaquent à aucune occupation, et finissent
par tomber dans la dernière misère.

Ces deux dernières raisons, qui sont des raisons de
fait, ne paraissent pas à Gerson supérieures à la première ; et les trois réunies ne lui semblent pas emporter ensemble le consentement universel. On peut en
effet opposer à ces inconvénients une foule de cas où
l'usure offre de grands avantages pour l'emprunteur
et pour le prêteur, et où elle semble aussi nécessaire
que le mensonge officieux admis chez les Grecs.

---

(1) Traité des Contrats, 2ᵉ partie. *Summae* I, *Pars* CLIII ;
T. III, p. 171 et suiv. Anvers, 1706.

Pour condamner l'usure, il faut donc recourir au droit divin. Les psaumes et les prophètes nous indiquent assez que, pour arriver au bonheur, il faut s'interdire l'usure. Enfin le Christ a dit: Prêtez, sans en rien espérer. Gerson nous avoue cependant que, si l'on tient compte de ce qui la prépare et de ce qui la suit, on peut prendre cette parole de saint Luc pour un conseil. Mais l'Église en a fait un article de foi. L'usure n'est pas plus permise que le mensonge. Admettre le contraire, ce serait ébranler toute l'autorité des Saintes Écritures, et ruiner la sécurité des relations entre les hommes. Il ne faut donc pas, malgré les services accidentels que nous en tirons, appeler bonnes des choses mauvaises en soi, et dont le nom seul suffit à étaler la malice.

L'usure ressemble donc au vol, puisque l'accroissement du sort est perçu contre la volonté divine. L'emprunteur qui paie cet accroissement le paie malgré lui ; ou, s'il le paie volontairement, c'est à la façon de celui qui jette ses marchandises à la mer pour s'épargner un naufrage.

Le contrat d'usure, permis dans l'ancienne loi, pourrait être reçu dans la nouvelle sous certaines modifications qui en feraient un contrat, sinon licite, du moins tolérable, et destiné à épargner beaucoup d'inconvénients. Car cette tolérance de l'usure par la loi civile, n'est pas toujours contraire à la loi divine de l'Église. Quel est en effet le but de la législation civile? C'est d'assurer le repos de la république, de garantir la paix et les relations pacifiques entre concitoyens. Mais comme un mal extrême ne peut s'apaiser ni complètement ni sur le champ, le législateur agit à son égard comme un médecin prudent : il tolère un moindre mal pour en éviter de pires. Car il est infiniment préférable de tolérer une usure médiocre, destinée à venir en aide aux indigents, que de les abandonner aux pires inspirations de leurs besoins, en les laissant voler ou vendre leurs biens à vil prix, c'est-à-dire en leur faisant subir un dommage beaucoup plus grand que celui qui résulte d'une usure modérée. Cette mesure offrirait en outre l'avantage de rendre impossible aux Juifs cette oisiveté que leur permettent les profits qui résultent de l'oppression incroyable à laquelle ils se livrent sur les chrétiens.

Cette tolérance est d'ailleurs conforme à la loi naturelle et même à la loi divine. « En outre, il est constant que le pape n'est pas le seigneur immédiat des biens temporels, principalement en ce qui concerne les biens des laïcs : il ne doit donc pas abroger à l'aventure les lois établies pour la répartition de ces biens, lois utiles en matière civile, quoique proscrites au nom du souverain bien qui est notre fin. Il suffit que le pape ou l'Église proclament le caractère illicite de ces contrats selon le droit canon et le for de la conscience. »

Pour la restitution, la solution diffère selon qu'elle relève du for de l'Église ou de la politique séculière. Si le prince tolère l'usure, il ne doit pas obliger à une restitution qui reviendrait en somme à retirer d'une main ce qu'il accorde de l'autre. A l'égard de la conscience, la restitution s'impose toutes les fois que l'usure est perçue en vertu d'un pacte. En l'absence de pacte, il faut distinguer selon les cas et selon l'intention du prêteur. Il est certain d'ailleurs que le prêteur a droit aux égards de l'emprunteur et qu'il peut en tenir compte.

Gerson ne veut pas étendre la qualification d'usure en dehors du mutuum. Les contrats pignoratifs ne sont même pas usuraires dans tous les cas. Il n'y a que le contrat pignoratif pur et simple qui lui paraisse condamnable.

Il ne faut pas présumer, dit-il, que le législateur ait été assez fou pour rendre ainsi tous les contrats usuraires, et fermer la voie du salut aux hommes, surtout aux ecclésiastiques qui ne pourraient se servir de leurs biens, et trouver, en dehors de ces contrats, des secours suffisants ponr vaquer au service divin. Une telle loi serait impie et sacrilège, et devrait être rigoureusement abolie par le pape et par l'Église. Mais il n'en saurait être ainsi.

Gerson admet donc l'achat de rentes perpétuelles avec faculté réciproque de rachat, pourvu que la clause soit inscrite dans le contrat même (1).

Pour discerner l'usure dans les contrats où elle se

______

(1) Au fond, c'est le prêt à usure sous un nom d'emprunt. Ce contrat en diffère pourtant par l'intention. Le contrat de prêt n'était fait ordinairement que pour un temps court, et donnait

dérobe, il suffit de voir si l'intention apparente des contractants est de faire une négociation purement vénale ou un gain déshonorant. Gerson blâme ainsi la vente du blé en herbe et des raisins verts à très bas prix, où l'on n'a en vue que le profit et non l'aide du prochain. Ce qu'il défend, c'est d'exploiter les besoins de notre prochain, et de chercher dans ces besoins la matière de notre gain. Mais il ne faut point déclarer un contrat défendu, si la loi ne précise point le caractère de cette illégitimité. Il ne suffit pas en effet de dire qu'il est contraire à la loi naturelle et à la loi divine, il faut encore montrer pourquoi. »

Gerson admet la clause pénale pour le retard dans le remboursement, ainsi que l'intérêt de dommage naissant et de lucre cessant. La vente à crédit, faite à un prix plus élevé que la vente au comptant, n'est point usuraire quand elle ne se propose que l'avantage de l'acheteur, et que le vendeur préfère d'ailleurs un prix immédiat et inférieur, à une somme supérieure et qu'il ne touche pas sur-le-champ.

SAINT ANTONIN (1389-1459) (1). — Il fixe les doctrines scolastiques dont il arrête définitivement les contours. Tout le monde connait sa définition de l'usure : *Usura est lucrum ex mutuo principaliter intentum*, ramenée

lieu à d'odieuses spoliations ; tandis que le contrat de rentes n'était racheté que fort rarement, et ne l'était, en tout cas, que sur avertissement préalable d'une année environ.

(1) *Summae* II, *Pars, cap.* VI et VII.

à l'élément intentionnel, et qui oblige à restituer non seulement l'usure expresse, mais encore l'usure mentale ; ce qui, au point de vue légal, est proprement une absurdité.

Nous n'examinerons de saint Antonin que la doctrine relative à l'usure en droit naturel. C'est la plus intéressante pour les économistes. Elle contient en outre des idées qu'on croirait exprimées par des écrivains de ce siècle, tant elles se rapprochent de certaines conceptions modernes.

Les partisans de l'usure déclarent qu'elle est conforme au droit naturel, qui défend de s'enrichir aux dépens d'autrui. La raison nous enseigne que les services s'échangent. Or mon argent permet à Pierre de gagner dans son négoce 15 ou 20 pour 100. Il est donc conforme à la raison de partager entre nous ces 15 ou 20 pour 100. Autrement, Pierre s'enrichirait à mes dépens ; car cet argent que je lui prête, j'aurais pu m'en servir à mon tour pour en avoir le profit.

Saint Antonin répond que l'usure est contraire au droit naturel pour trois raisons.

1° Elle contient une inégalité. Dans le prêt à usure on vend ce qui n'existe pas.

2° Elle est contraire au fondement même de la propriété, qui est le travail. En effet, nous n'avons pas le droit de vendre à quelqu'un ce que la nature lui accorde gratuitement. A celui qui emprunte, la nature accorde une industrie qui lui permet de donner de la valeur aux choses. Que fait le prêteur lorsqu'il exige quelque chose au delà du capital ? Il vend précisément à l'emprunteur sa propre industrie. Cette exigence est injuste et contraire à la nature, qui a donné à l'homme une industrie, pour que cette industrie lui fût profitable. Or l'argent, qui est le prix des choses vénales, ne fournit aucun profit, si ce n'est par le moyen de l'industrie de celui qui s'en sert. Aussi vendre l'utilité qui naît de l'argent grâce à l'industrie mercantile de l'emprunteur, c'est vendre à cet emprunteur son industrie et son propre travail ; ce qui est contraire à la nature. En outre, le prêteur paraît aussi vendre à l'emprunteur le temps pendant lequel il lui a prêté son argent.

3° L'usure est contraire à la nature du profit : Qu'une chose non frugifère engendre du profit, cela est contre nature. Le profit ne paraît être que le fruit d'une chose, ou une chose acquise à l'aide de fruit. Il est naturel, au contraire, qu'une chose productive de fruits augmente constamment en valeur avec ses fruits, et qu'elle vaille davantage avec ses fruits que sans eux.

Comme l'usure fait croître en valeur des choses dont la valeur est déterminée une fois pour toutes par la nature ou par l'art, et qui, en vertu de la nature ou de l'art, ne sont pas susceptibles d'accroissement et ne peuvent fructifier, il s'ensuit que, d'une chose stérile, l'usure fait une chose lucrative. D'où le nom d'usure, qui signifie part (*partus*) en grec, et qui vient de ce que l'usurier veut que l'argent enfante contrairement à sa nature ; ce qui semble merveilleux, et n'est que diabolique.

A cette raison de l'usurier, que l'emprunteur s'enrichit à ses dépens avec son propre argent, saint Antonin répond que l'emprunteur s'enrichit principalement par son industrie ; attendu que l'argent, pris en soi, ne donne aucun profit ; par exemple, lorsqu'il est renfermé dans une cassette. D'ailleurs, comme la propriété de cet argent a passé aux mains de l'emprunteur, tous les risques sont pour lui et non pour le prêteur. Le dommage se résume dans l'absence de gain qui résulte pour lui de ce prêt ; mais le prêteur subirait également ce même dommage, s'il avait conservé son argent dans sa maison où il ne fructifie pas. S'il avait employé son argent dans le négoce, le prêteur aurait pu en tirer profit : mais il aurait également pu le perdre, car il était astreint à des risques qu'il ne court pas dans le mutuum.

DEUXIÈME PARTIE

Les Doctrines libérales

CHAPITRE V

THÉOLOGIENS PROTESTANTS

Mélanchton. — Calvin.

Nous apercevons au début de la Réforme deux hommes remarquables dont les principes eurent une influence prépondérante sur le développement ultérieur des doctrines relatives à l'usure. C'est sur eux que nous allons fixer notre attention de préférence à tous les autres. Si l'on s'étonne de rencontrer ici Mélanchton plutôt que Luther ou Bucer, c'est que Mélanchton fut vraiment le docteur de son parti, et qu'il sut, mieux que le premier, tempérer la rigueur des doctrines traditionnelles, et mieux que le second, s'éloigner d'un trop grand relâchement. C'est de lui, du reste, et non de

Bucer, que procède Dumoulin, le grand jurisconsulte du
XVIᵉ siècle. Pour ces raisons, il est un des représentants nécessaires des transformations doctrinales de
son temps.

MÉLANCHTON (1497-1560) (1). — Mélanchton accepte la
condamnation de l'usure au nom des Saintes Écritures,
et en particulier au nom du fameux passage de saint
Luc : *Mutuum date nihil inde sperantes.* Il ne met point
davantage en doute son iniquité par rapport au droit
naturel. Sur ce point, il s'en réfère entièrement aux
conclusions d'Aristote et aux idées traditionnelles.
L'usure est injuste parce qu'elle n'est point due, qu'elle
est sans cause et ne répond à rien. On s'explique dès
lors pourquoi l'usure ruine les cités : les usuriers prélèvent des sommes en échange desquelles les emprunteurs ne reçoivent rien. Mélanchton accepte donc la
définition courante, que l'usure c'est tout accroissement
du sort stipulé dans un pacte.

Puisque l'usure est contraire au droit divin et au
droit naturel, sa condamnation s'impose dans le domaine
politique au nom de la justice. Il y a cependant des déro-
gations à cette règle. Moïse lui donna un tempérament,
lorsqu'il permit à son peuple l'usure à l'égard des
étrangers. Les empereurs chrétiens permirent aussi
l'usure à tous leurs sujets, sans que l'on ait jamais
songé à leur en faire un grief ni à blâmer leur conduite.

(1) *Opera omnia*, T. III, p. 240,299 ; T. IV, 251-258, Bâle, 1541.

Car l'Evangile, en reconnaissant leur pouvoir légitime, approuvait du même coup les mesures considérées comme honnêtes et utiles par les magistrats pour le bien de la république. Au reste, c'est un devoir pour ces derniers de ne point se montrer inhumains, et de savoir adapter les lois aux circonstances et aux besoins de leur époque, d'une façon conforme à l'équité.

Quant aux ministres de l'Évangile, ils n'ont rien à voir aux contrats qui relèvent exclusivement des magistrats : ils n'ont pas à se prononcer sur leur caractère légitime ou illégitime ; car ce droit n'est pas de leur ressort. Qu'il leur suffise de constater que les usures sont interdites, toutes les fois que le magistrat les regarde comme telles, et d'enseigner au chrétien qu'il peut user des droits qui lui sont reconnus par le pouvoir civil ! Même dans ces limites, les ministres ne doivent se montrer ni trop pointilleux, ni trop exigeants. Car si les règles sont utiles, il convient pourtant de se rappeler que, dans le domaine des choses morales, la certitude morale suffit ; sans qu'il soit besoin de recourir à des comptes rigoureux. Tel est le principe en matière d'usure.

Les intérêts diffèrent de l'usure en ce qu'ils sont dus, même en l'absence de pacte, pour une cause prochaine de dommage ; comme il arrive par suite d'un retard dans le remboursement du prêt. L'intérêt est légitime, parce qu'il est fondé sur le principe que nul ne doit s'enrichir au détriment d'autrui. Il n'y a donc pas lieu d'alléguer la rapacité des usuriers et leur amour du lucre, quand il existe une cause prochaine et efficace du dommage.

Du reste, étant donnée la multiplicité des contrats, le juge devra faire preuve, en ces matières, d'une extrême prudence et ne point se prononcer à la légère. Il saura faire le départ entre l'usure et l'intérêt, là où l'usure est interdite. Il comparera en outre les lois divines et le droit humain, pour ne point approuver des pratiques contraires aux commandements de Dieu. Comme les contrats ne relèvent que de la politique, c'est l'œuvre exclusive des juges et des jurisconsultes de se prononcer sur cette matière.

Si la restitution s'impose, elle ne s'impose que dans les cas où elle est possible sans soulever de scandale, car elle ne doit pas donner lieu à des mesures infamantes. L'honneur est préférable à tous les biens.

Mélanchton est partisan des rentes constituées lorsqu'elles sont réelles. Établies sur un fonds, elles ne sont qu'une servitude achetée à prix d'argent, servitude qui consiste à percevoir tous les ans une certaine somme ou une certaine quantité de fruits. Ces servitudes sont licites, si le fonds peut les supporter, et si le marché est équitable. Car s'il est permis de vendre le fonds total, à plus forte raison l'est-il de n'en vendre qu'une partie.

Au fond, le contrat de rentes n'est donc qu'une véritable vente. Il en résulte que, si le fonds disparaît, la rente disparaît avec lui. La différence qui existe entre ce contrat et le mutuum, c'est que la répétition du sort n'est pas permise dans les constitutions de rentes.

Mélanchton admet cependant qu'on pourrait ajouter à ce contrat une clause de rachat, parce que cette clause n'aurait point pour effet de vicier la nature primitive du contrat de vente.

CALVIN (1509-1564). — Calvin revient souvent sur l'usure dans ses écrits. Cependant on trouve toutes ses idées maîtresses sur la question dans son commentaire sur le chapitre XVIII d'Ézéchiel, et dans son exposition du viiie commandement (Opera, 1667).

L'usure n'est pas contraire à la loi divine. Les prohibitions de l'ancien testament n'étaient que des lois d'ordre politique et judiciaire, sans rapport avec la justice proprement dite. Elles découlaient d'un principe de charité pure (1). Depuis que le Christ a aboli les règles politiques de l'ancienne loi, l'usure n'est plus défendue. Elle ne l'est, en tout cas, que dans la mesure où elle est incompatible avec l'équité et la charité fraternelle. Autrement dit, il n'y a de proscrites que les usures oppressives et les usures prélevées sur les pauvres.

L'usure est conforme à la loi naturelle. En effet, que de pertes et d'ennuis ne causent pas au créancier les retards du débiteur. Supprimer l'usure, ce serait accorder une prime aux gens de mauvaise foi. Le riche qui veut acheter une maison et prête son argent, n'a-t-il pas droit à une compensation équitable des fruits qu'il perd.

____

(1) Calvin se trompe pourtant lorsqu'il affirme que la défense de l'ancien testament ne concernait que les pauvres.

Et chaque jour, ne se présente-t-il pas une foule de cas où l'usure ne cause pas au débiteur un préjudice plus grand que la vente ordinaire ?

Le raisonnement d'Aristote à cet égard est sans portée. Qu'importe que la monnaie soit stérile et ne fasse pas des petits ! Cela ne fait pas de l'usure une chose contre nature. Comme la monnaie est une chose précieuse par elle-même, elle a une valeur, elle peut s'échanger. Il en résulte que prêter de la monnaie pour acheter une maison, ou prêter la maison elle-même, donnent également droit à une rémunération ; car la même valeur, représentée par une somme ou par un objet, donne droit au même profit. L'argent produit donc des revenus, non pas directement, sans doute, mais grâce à l'emploi que j'en fais. C'est à raison de ce gain que l'usure prend naissance.

En ce sens, la monnaie est productive ; et l'usure qui en découle est légitime. L'usure est la part équitable de profit qui revient au propriétaire dans l'emploi de son argent. Il ne faut pas dire que l'argent sans emploi resterait stérile. Le rôle de la monnaie n'est point de rester inerte dans les cassettes, mais de servir d'instrument de production. Et c'est ce rôle d'instrument qui justifie le bénéfice du prêteur.

Calvin a opéré une révolution complète dans cette matière. Il a très bien vu que dans tous les objets on peut, en vertu des principes mêmes de la scolastique, séparer la forme de la matière. Appliquant dès lors cette distinction féconde au commerce de l'argent, il a reconnu que, si la forme de la production consiste dans l'industrie de l'employeur, la matière employée n'était point par là même supprimée. Qu'importe que cette matière soit directement fournie en nature ou indirectement en espèces. Il n'en résulte pas moins que, s'il est vrai qu'un effet doive s'attribuer à sa cause totale, le profit, dans le prêt, doit se répartir entre tous les éléments qui concourent à la production. Il convient donc de partager le gain entre le bailleur de fonds et l'employeur (1).

(1) Cette distinction ne se trouve pas dans Calvin d'une façon positive ; elle n'est que latente. Nous l'avons dégagée pour bien montrer que ses idées ne sont pas sans liaison avec le passé.

CHAPITRE VI

LES DOCTRINES LIBÉRALES EN FRANCE

Dumoulin. — Chasseneuz. — Coquille. — Saumaise. — Nicole. — Holden.

DUMOULIN (1500-1566)(1).— C'est le plus remarquable des jurisconsultes de l'ancienne France. On peut lui reprocher de n'avoir pas su s'affranchir des rancunes protestantes, et d'avoir eu recours à des invectives indignes de lui, à l'égard des grands docteurs de la scolastique ; mais, ce qu'on ne saurait lui refuser, c'est le mérite d'avoir traité de l'usure avec une clarté et une méthode qui ne laissent guère à désirer pour son temps.

Dumoulin procède directement de Philippe Mélanchton, beaucoup moins cependant par le caractère que par la pensée. Mais il dépasse son maître, et par l'ampleur de ses développements, et par la logique de ses idées.

Il emprunte à ce dernier sa définition de l'usure : c'est le lucre perçu dans le mutuum. Il résume alors les prin-

(1) Tractatus contractuum... — Sommaire, tome II.

cipales données des théologiens et des canonistes sur la question. Le *lucre* doit être une accession au sort, onéreuse pour le débiteur, sans rapport avec le dommage subi, et sans autre cause que le prêt lui-même. L'idée de *perception* exclut celle de rémunération spontanée qui ferait de l'usure une véritable donation, étrangère à l'espérance initiale du profit chez le prêteur. L'usure mentale pourrait du reste exister sans vicier la donation, et sans obliger à restitution ; car le pécheur n'est ici tenu, comme dans le cas de simonie mentale, qu'à la pénitence envers Dieu, le seul offensé.

En outre, l'usure ne tombe que sur le mutuum ; et Dumoulin s'élève avec une force extrême contre les ignorants théologastres et canonistes qui ont inventé les contrats palliés. Tous les contrats sont légitimes : ce qui est défendu, c'est la fraude et le dol. Les théologiens n'ont pas le droit d'appeler usure ce que le législateur ne considère pas comme tel.

L'usure des scolastiques ainsi limitée, Dumoulin se demande si elle existe en réalité. Si elle existe, il faut admettre cependant, à côté d'elle, une autre sorte d'usure, qui doit s'entendre, non plus de la rémunération du service rendu, mais de l'indemnité ou compensation équitable des dommages subis par le prêteur. C'est l'usure compensatoire des légistes, différente de l'usure formelle ou usure lucratoire. Les théologiens tolèrent un intérêt exactement égal au dommage subi ou au lucre perdu. Dumoulin trouve cet intérêt excessif dans la plupart des cas, et, de plus, très dangereux, par suite des majorations possibles du créancier. Il est donc préférable de couper court à toute réclamation au moyen du taux légal.

Une raison plus puissante, du reste, l'y détermine. Dumoulin repousse la théorie scolastique en vertu de laquelle l'usure ne serait que la *rémunération* du prêt en tant que prêt. Et il n'a pas assez de termes pour caractériser ici la prodigieuse ignorance des téologiens. Ils n'aperçoivent dans le prêt que le service rendu, et s'imaginent que les lois civiles n'ont eu en vue que leur fausse conception de l'usure. Qui donc a jamais stipulé une usure pour le service rendu ! qui donc n'a pas eu en vue le dommage éventuel, ou le gain cessant, ou la participation aux bénéfices ! Les théologiens ont ignoré les faits et méconnu le droit (1), car ni le droit civil ne s'est préoccupé d'un mutuum tout pur, ni l'expérience qui nous enseigne les applications multiples de l'intérêt pour le cas de retard ou pour toute autre cause.

Quand les théologiens nous affirment que ce n'est pas là une usure, ils abusent des termes : il s'agit bien

____

(1) C'est du reste l'opinion de Hotman dont voici la définition de l'usure :

Usura est compensatio ejus quod creditoris interest usu caruisse suæ pecuniæ, dum ea debitor uteretur. Nam usurae non propter lucrum petentium, sed propter moram non solventium infliguntur. L. *Cum quidam,* § *si pupillo.* D. *de Usuris* : *Hotman : comment. verb. juris,* t. I, p. 970 et suiv. Lyon, 1599.

ici d'une nature ou d'un usage de l'argent, selon l'acception de ce mot dans les bons auteurs.

A vrai dire, la taxation du droit civil est toute à l'avantage du débiteur : elle n'a d'autre but que de lui rendre le crédit facile. Sans rémunération équitable, où trouver des prêteurs ? Cependant le commerce ne saurait vivre sans crédit.

Ainsi, pour Dumoulin, les titres extrinsèques d'excuse trouvent toujours place dans le contrat de prêt. Le prêt idéal, imaginé par les théologiens, n'est ni le prêt du droit civil, ni le prêt courant : il faut donc le repousser au nom du droit, et de l'expérience. Les théologiens, en effet, sont partis ici d'une erreur fondamentale ; et c'est pour la corriger qu'ils ont dû inventer successivement ces titres d'excuse, permettre le contrat de constitution de rentes établi d'abord sur un immeuble, puis sur la généralité des immeubles, puis sur les meubles eux-mêmes ; et qu'enfin ils se sont décidés à admettre les monts de piété, etc.

Veut on se faire une opinion exacte des excès odieux où les ont jetés leurs faux principes en cette matière ? En voici un exemple rapporté par Pierre d'Ancharan : Un bourgeois de Séez, nommé Régnier, qui s'était enrichi dans les affaires, prêtait gratuitement son argent aux paysans de l'endroit, qui le lui restituaient en y joignant quelques menus présents. Ces paysans obtenaient même à volonté des prorogations de terme, en retour d'un de ces petits cadeaux qu'ils faisaient selon leurs

moyens et leur commodité. Lui mort, l'évêque de Séez
procède contre son héritier comme envers l'héritier
d'un usurier, déclare illicites ces petits présents comme
entachés d'usure mentale ; sous prétexte que le dit Régnier ne prêtait et ne prorogeait ses prêts qu'en prévision des dons. Les présents pouvaient être insignifiants
et le prêt gratuit ; l'intention n'en restait pas moins
corrompue. Les paysans avaient beau intercéder en faveur de l'héritier et s'opposer à la procédure d'inquisition, proclamer Régnier le meilleur et le plus charitable des hommes, accuser l'évêque de méfait, Pierre
d'Ancharan n'en conclut pas moins à l'usure mentale
et à l'obligation de restituer.

Hypocrites sont ces évêques et ces inquisiteurs, ainsi
que les bigots disciples de canonistes ineptes, qui se
voilent la face pour la moitié d'une obole perçue dans
le mutuum, et se tiennent constamment à l'affût de la
fraude et du dol en matière de vente, de change et de
négoce ! Que dire en effet de ces marchands qui refusent de prêter à l'indigent et ne veulent point entendre
parler de rentes au taux de 8 pour 100 ? Les plus courts
délais leur deviennent un prétexte suffisant pour majo-
rer leurs marchandises bien au delà du juste prix. Cependant ils ne les livrent que moyennant caution. Puis,
sans même attendre le remboursement, ils rachètent à
vil prix, par eux-mêmes ou par leurs intermédiaires,
ces marchandises qu'ils revendent de nouveau au juste

prix ou plus cher encore (mohatra) (1), ils pèchent ainsi
trois fois et prélèvent une triple usure sur la même
marchandise, et presque dans le même temps. Cette
piraterie est d'autant plus coupable, qu'elle ne s'exerce
que sur les malheureux, les gens dans la gêne, ou qui
ont subi des revers de fortune.

Nous avons vu, de nos jours (1540), un fermier des
impôts du Gévaudan qui se livrait à ces pratiques. Il
pressait rigoureusement la rentrée des impôts royaux ;
et, aux paysans gênés, il offrait à crédit la vente à très
haut prix de vêtements qu'il rachetait ensuite à vil prix
par personnes interposées ; puis il retenait cet argent
en paiement des impôts. Une fois arrivé le terme de
l'échéance de sa propre dette, il soumettait ces mêmes
pauvres à un nouvel emprunt, semblable ou plus fort
que le prééédent, et que la langue du pays appelle *estou-
pade*.

Il s'est trouvé aussi des maquignons, pour acheter

(1) Le Mohatra existait au moyen âge : « on l'appelait *baratum*
et de là le mot *baraterie* qui, aujourd'hui, désigne un délit spécial
(Du Cange, sur ce nom). Nous pourrions en citer plusieurs
exemples ; en voici un de 1388 du Languedoc (Bibl. nat. collect.
Doat, v. 157, f. 278) : Un individu est condamné par des commis-
saires royaux à une amende de 45 francs d'or pour le fait suivant : il avait vendu à un particulier deux cannes de drap fin
pour le prix de 7 florins d'or ; puis, sans livrer la marchandise à
l'acheteur, il la lui avait racheté immédiatement pour 5 florins.
C'était donc un prêt fictif au taux d'environ 30 pour 100 (lisez 40
pour 100), en supposant que l'emprunteur n'était tenu de payer
sa dette qu'au bout d'un an ». (Les Provinciales, édit. Molinier,
tome II, note, p. 269).

sur les foires tous les bœufs et les ânes offerts en vente,
afin de les revendre ensuite aux paysans, qui en avaient
un besoin pressant, d'abord au juste prix, puis au prix
de la viande.

Ce n'est pas tout, ces scélérats refusaient de prêter à
des taux défendus. Mais sous prétexte de crédit, ce qui
ne les empêchait pas d'ailleurs de réclamer gages et
cautions, ils offraient leurs bêtes à des prix iniques.
Leur but était de racheter ces mêmes bêtes, les labours
terminés, Ils les rachetaient donc, par eux ou par leurs
émissaires, au plus vil prix, c'est-à-dire à moitié de
leur valeur, ou même encore contre un vil joug de
bœufs. Et ils recommençaient ainsi quatre ou cinq fois
le même marché avec les mêmes bêtes.

Cette piraterie trouve encore à s'exercer d'autres
manières. On prête une somme de 10 à 20 pièces d'or à
son voisin qui veut la rembourser à terme ; le prêteur
offre alors au voisin de la conserver plus longtemps.
Puis, choisissant le moment où le débiteur manque
d'argent, il l'assaille pour en obtenir un gage, après
avoir suborné un tiers qui souffle à l'oreille du débiteur d'acheter un court délai pour une ou deux pièces
de vin, ou pour le tiers des fruits d'un fonds au
moment de la récolte. On arrive ainsi à se faire des
revenus annuels égaux au tiers ou au quart du capital
et supérieurs à deux centésimes.

Tels sont les excès les plus criants amenés par les
prohibitions ignorantes des théologiens. Tout en revi-

sant le procès de l'usure à la suite de Calvin qu'il ne
nomme pas, et de Mélanchton dont il prend à tâche
d'effacer les contradictions, Dumoulin se défend d'être
l'avocat des usuriers. Il souhaiterait, dans un but de
concorde, de pouvoir extirper l'usure et ses palliatifs ;
mais convient-il de supprimer, sous ce prétexte, les
contrats justes et utiles, indispensables au commerce ?
Il invoque à cet égard l'autorité de Gerson (1), qui se
refuse à jeter le peuple dans des embûches. Il convient
donc, dit-il, de prendre les hommes tels qu'ils sont,
avec leur imperfection et leur malice. Les mesures
politiques de tolérance ne sont pas destinées à fournir
une issue au vice et à l'avarice, mais elles sont décré-
tées dans un but de charité sociale pour venir en aide
à la loi de Dieu.

Prendre ainsi le contrepied d'une tradition six fois
séculaire, c'est se condamner à en faire justice, non seulement au point de vue des faits et de la loi humaine,
mais encore au point de vue du droit naturel et du droit
divin. Dumoulin ne restera pas inférieur à sa tâche. Il
analyse donc tout d'abord les éléments du mutuum : il
en distingue quatre : 1° l'idée de transfert, 2° l'idée de
gratuité, 3° l'idée de délai ou de temps, 4° l'idée de restitution en choses de même genre et de même quantité.
Les éléments 3 et 4 constituent seuls les éléments propres au mutuum. Le quatrième élément qui différencie

____

(1) Tract. cont., consid. II.

le mutuum du contrat de rentes, exclut l'idée d'aliénation. La somme prêtée se change en créance, et l'emprunteur s'oblige à restituer des choses de même genre, non
pas *in abstracto*, ce qui n'aurait pas de sens, mais dans
leur substance réelle et avec des qualités semblables.
Il en résulte que l'usure, qui tombe sur le prêt, n'atteint
pas la rente, qui suppose au contraire une aliénation
perpétuelle. Il n'est donc pas nécessaire, comme l'ont
cru Bonaventure dans son Traité des Contrats, et Ber-
nardin de Sienne dans son sermon de l'Evangile éternel,
de constituer la rente sur un immeuble, ni même, comme
l'a cru le glossateur Jean de Ligne, sur l'ensemble des
immeubles avec garantie hypothécaire; cette hypo-
thèque viendrait, au contraire, aggraver les charges du
débiteur. Si Mélanchton est ici d'accord avec Jean de
Ligne, c'est afin de procurer au débiteur un crédit plus
facile, afin aussi de lui faire mesurer l'étendue des charges qu'il assume.

Puisque la somme n'est pas aliénée dans le mutuum,
elle a un usage susceptible d'évaluation. D'ailleurs
comme Dumoulin a réintégré dans la notion d'usure
ce que les théologiens considéraient comme des titres
extrinsèques d'excuse, il s'ensuit que l'usure est une
chose doublement licite.

Cependant Aristote condamne l'usure au nom de
l'équité. Sans doute ! Mais le législateur qui fixa un
taux à l'usure, eut précisément en vue d'empêcher le
créancier de dépouiller son débiteur : c'est pour y obvier

qu'il autorise les usures modérées. Il ne pouvait pas
cependant se désintéresser des dommages fréquents
apportés au créancier par suite des retards et des délais
de toute sorte dans le remboursement. Aussi, pour ne
pas adjuger tout l'avantage et tout le bénéfice du contrat
au débiteur, le législateur permit au créancier de stipuler ces usures modérées.

On nous répète que l'argent est stérile et ne produit
rien lorsqu'il est en repos. Mais aussi n'est-ce pas là
le rôle de l'argent. La loi n'a pas eu à prévoir ce cas
exceptionnel, ce cas impossible même, si l'on prend
garde de noter que l'argent peut toujours être employé
dans le commerce. La loi n'a eu en vue que le bien
public et les nécessités permanentes du *commerce*.

Qui peut nier en outre la nécessité du crédit pour les
commerçants. Leurs besoins d'argent sont aussi fréquents que multiples. Les contrats de société où l'une
des parties apporterait les fonds et l'autre son industrie
et son travail, ne sont possibles que dans des cas
exceptionnels. Le reste du temps il faut recourir au
prêt. Or, comme le prêt gratuit n'est pas dû au commerçant, il est clair que ce dernier n'aura d'autre ressource
que le prêt à usure.

Et puis, en dehors du commerce, que de cas se présentent où l'emprunt s'impose et où de généreux prêteurs, s'ils existent, ne sont point connus ! Ne faut-il
pas souvent aussi dérober sa gène et se priver ainsi du
prêt de bienfaisance ! Supprimez l'usure, qu'arrive-t-il ?

Vous réduisez l'emprunteur à des échanges ruineux, à des ventes de biens à vil prix. La ruine n'est pas moins imminente, si l'on permet d'établir le taux de l'intérêt sur celui du dommage naissant, et du lucre que l'on n'a point fait.

Que l'usure soit utile au bien public, c'est encore l'opinion de Baldus, qui proclame que, sans les usuriers, beaucoup de pauvres périraient de faim. Les canons qui interdisent l'usure chez les peuples chrétiens n'ont réussi qu'à le jeter en proie aux mauvais prêteurs. Ils nous ont valu ces usures énormes déguisées sous les noms d'intérêt et de change, et qui réduisent le pauvre à la dernière extrémité. Cela n'est arrivé que par la faute des S. S. Pontifes et des prêtres, dont la mission est d'instruire le peuple, et qui se sont montrés les pires ennemis du droit. Exclusivement préoccupés de minuties et de riens, ils ont négligé de réprimer les forfaits, colludant même avec leurs auteurs, et leur prêtant de l'argent pour participer à leurs gains. Ils ont livré les pauvres à des brigands qui les dépouillent sans pitié et dont ils partagent le butin.

« Silence donc à ces plaisants interprètes des lois divines et humaines, à ces hommes non moins ignorants qu'inexpérimentés ! Les plus équitables d'entre eux, saint Thomas, Jean Andréas, saint Bernard, Gerson et Pierre Ancharan ont excusé Justinien avec une compétence de cordonniers (1), par cette raison que

____

(1) *Ne sutor ultra crepidam* !

Justinien n'avait toléré les usures qu'en vue du bien
public et comme on tolère des lupanards ; à seule fin
d'épargner de plus graves dommages. » Ils ont beau
nous objecter les anciens canons, et en particulier celui
de Nicée. Justinien ne les a sans doute pas ignorés
200 ans plus tard, puisque, dans sa constitution 131, il
les a nommément approuvés.

Si l'usure excessive est le plus odieux de tous les
moyens d'acquisition, parce qu'elle ruine le commerce
et entretient l'oisiveté chez les prêteurs, l'usure normale est conforme au droit naturel, parce qu'elle répond
à toutes sortes d'exigences et de besoins dont les lois
civiles ont su tenir compte. Il n'y a que les fous et les
blasphémateurs qui aient osé proclamer la banqueroute
de ces idées communes naturellement gravées au cœur
de l'homme et conformes à la règle évangélique. Une
politique, vraiment digne de ce nom, ne saurait violer
la justice et porter atteinte à la vie honnête. Il s'ensuit
que l'usure, si nécessaire aux gouvernements, ne saurait
être une institution contraire au droit naturel. Et puisque le droit naturel, antérieur à l'Évangile, ne doit pas
lui faire échec; il faut affirmer hautement l'accord complet entre le droit naturel et le droit divin.

Ceux qui soutiennent que l'usure viole le droit divin
invoquent une foule de textes de l'ancien testament (1),

____

(1) Exode, 22 ; Lévit.. 25 ; Deut., 23 ; Ps., 15 ; Ps., 54 ; Ezéch.,
18 ; Néhémie, 5, etc.

mais ces textes n'ont trait qu'à la constitution politique des Juifs. Ils tolèrent au contraire l'usure entre les Juifs et les étrangers.

Quant au texte de saint Luc (VI, 35) : *Mutuum date, nihil inde sperantes,* il regarde ceux qui se refusent à franchir le limites de la bienfaisance et de la charité légales. La loi humaine nous ordonne de donner ou de prêter à celui qui l'a mérité, ou qui peut nous rendre la pareille. La loi de Dieu, au contraire, exige plus de charité et de perfection. Cette charité doit encore s'étendre à nos ennemis et à ceux qui ne peuvent nous payer de réciprocité.

L'erreur des canonistes, que suit ici Aliciat, vient de leur fausse distinction entre les préceptes et les conseils. Les préceptes seraient toujours conformes au droit naturel, tandis que les conseils peuvent, parfois, les heurter. Et la défense de l'usure rentrerait dans les préceptes. Dumoulin proclame que les canonistes ont établi ces préceptes et ces conseils à tort et à travers, sans prendre garde aux personnes ni aux cas qu'ils regardent. Il ne faut donc pas dire que certains préceptes, comme celui de ne pas résister au mal, de ne pas juger, de ne pas contester devant les tribunaux, ou de ne pas jurer. soient des conseils ; ce sont vraiment des préceptes qui s'imposent à tous quand il s'agit de la gloire de Dieu et du salut du prochain, qui sont la raison d'être des Évangiles.

En ce qui concerne le prêt, voici les distinctions que nous propose Dumoulin :

1. Nous devons *aider gratuitement* les pauvres qui ne peuvent restituer.

2. Nous devons *prêter sans intérêt* aux indigents qui ne peuvent restituer momentanément.

3. Enfin, à ceux qui empruntent pour négocier, acquérir et amplifier leurs biens, nous pouvons imposer *l'usure modérée* du droit civil.

Si l'on y prend garde, le *droit canon* lui-même n'a pas abrogé l'usure du droit civil, pas plus que le concile de Nicée, celui de Carthage et celui de Laodicée. Il s'en faut de beaucoup même que l'opinion des docteurs et « cette glose inepte, » aujourd'hui universellement admise, soient hostiles à toute usure. Les exemples produits ne se rapportent qu'à l'usure énorme, au vice et à l'excès déjà condamnés par le droit civil.

En Bourbonnais, du reste, les chapitres des églises prêtent de temps immémorial aux taux de 5 0/0, afin de ne point laisser leur *argent stérile*. Déclarer que c'est là un privilège d'église, c'est pure superstition ; car les ecclésiastiques sont tenus avant tout de donner l'exemple aux laïcs.

Cependant cette usure formelle est légitime, parce qu'elle est modérée. En outre, le débiteur n'a pas, comme entre particuliers, à redouter une échéance soudaine et incertaine ; car ces chapitres lui accordent toute latitude pour le remboursement. Ce ne sont pas là, cependant, des actes pieux, mais des contrats civils au même titre que la vente à juste prix. Néanmoins cette usure formelle est préférable à la conduite des chapitres cathédraux, qui ne veulent placer leurs richesses au taux de huit un tiers pour cent que sur des immeubles, et qui n'acceptent le rachat des rentes, qu'après une foule d'instances devant les officialités, instances qui grèvent encore l'emprunteur de frais considérables.

En résumé, Dumoulin a renversé toute la thèse scolastique, en lui opposant des principes diamétralement contraires. Les docteurs disaient : l'usure est illicite ; cependant elle trouve parfois une excuse dans des titres extrinsèques. Dumoulin leur répond : l'usure est licite ; elle ne devient coupable que dans des cas particuliers.

Mélanchton avait dit : l'usure est illicite ; mais la loi peut fournir un titre légitime d'excuse. Dumoulin répond : si la loi reçoit l'usure, c'est que l'usure est bonne en droit naturel. Il y a harmonie complète entre nos besoins et le droit naturel, entre le droit naturel et le droit divin. Ce qui est mauvais, c'est l'exagération, c'est la théorie scolastique des intérêts, qui n'est qu'un prétexte et qu'un palliatif pour les usures énormes.

En somme, Dumoulin rejoint complètement Calvin. Il a traité la question avec une supériorité et une ampleur qu'on n'a point dépassées depuis. Mais il n'a pas découvert la raison objective sur laquelle les économistes modernes établissent le caractère licite de la liberté de l'usure ou de l'intérêt. Il a même nié cette raison quand il a déclaré formellement que la monnaie n'est point une marchandise (694).

BARTHÉLÉMY DE CHASSENEUZ (1480-1550) (1), accepte la condamnation portée contre l'usure ; mais il distingue nettement le profit usuraire de l'intérêt. Cet intérêt comporte : 1° l'usure à verser au gendre par le beau-père, par suite de son retard dans le paiement de la dot ; 2° l'usure de la dot non restituée, due par les héritiers du *de cujus* à sa veuve sur le pied de 10 pour 100 ; 3° l'indemnité pour le retard dans le remboursement ; 4° l'usure proportionnelle au montant des fruits perçus sur une propriété non payée par l'acheteur ; 5° l'usure promise par le prince (elle peut aller jusqu'à 16 pour 100), à raison des prêts qu'il contraint ses sujets à lui consentir pour les besoins de l'État. C'est l'intention et la volonté qui font l'usure ; et ici les sujets ne font qu'obéir au prince ; 6° l'usure promise dans le *prêt de commerce* par un marchand qui ne doit ses profits qu'à votre argent.

Rentes. — Les rentes sont très usitées en Bourgogne parmi les riches, les églises et les corporations, sur le pied du denier XV ou XX. Quelques-uns n'y voient qu'une pratique usuraire en dépit de son universalité. Mais Chasseneuz est d'avis de les déclarer licites dans

(1) *Chassenaeus Barth.*, *Consuetudines ducatus Burgundiae fereque totius Galliae... commentariis illustratae*, Lyon, 1582, p. 762 § XXIII.

le duché. Du reste, elles sont permises aujourd'hui par les extravagantes de Martin V et de Calixte III.

Monts-de-piété. — L'usure perçue par les Monts-de-piété lui paraît licite, parce qu'elle est fixée par la volonté de l'État et non par celle des particuliers.

Usure mentale. — Elle existe et oblige à restitution, si l'on ne prête que dans l'espoir d'une récompense. Mais si l'espoir de cette récompense n'est pas le motif principal du prêt, la restitution n'est pas exigée et la pénitence suffit.

La vente à crédit, plus chère qu'au comptant est une usure, si le supplément du prix n'est exigé que par suite des délais ; mais il en est autrement si je ne devais pas vendre mes marchandises sur-le-champ, et s'il y a des raisons d'hésiter sur le prix futur.

Au demeurant, Chasseneuz cite les vers du cardinal d'Ostie qui contiennent toutes ces exceptions :

> *Feuda, fide jussor pro dote, stipendia cleri,*
> *Venditio fructus, cui velles jure noceri,*
> *Vendens subdubio, pretium post tempora solvens,*
> *Poena, necin fraudem lex commissoria gratis,*
> *Dans socii pompa, plus sorte datur istis.*

Coquille (1523-1603) (1). — Les usures permises doivent être fondées sur un véritable intérêt et non sur la simple volonté des parties. Contrairement à Dumou-

____

(1) Coutumes de Nivernais. Des croîts et chaptels, etc., page 195.

lin, Coquille estime qu'ont peut stipuler des intérêts arbitraires pour retard dans le paiement, et des intérêts égaux au dommage à naître, ou au lucre qu'on aurait fait, si l'on ne s'était point privé de son argent.

Quant à l'usure qui n'est point fondée sur un intérêt véritable, Coquille la condamne au nom de l'équité : « C'est à bon droit, dit-il, que les pactions d'inégalité sont réputées usuraires, car la règle est générale, que si les contrats ne sont raisonnablement proportionnés, on présume que la paction est en fraude des usures. En France, les vraies usures sont prohibées entièrement, tant petit soit le profit ».

Enfin il nous rapporte le fait que « aucuns conseillers de la cour furent pris prisonniers que l'on disait adhérer aux nouvelles opinions au fait de la religion, entre lesquelles était celle-ci, que les usures modérées sont permises (1) ».

(1) Ce sont les Politiques. On appelle ainsi des hommes qui tentèrent de mettre fin aux querelles de religion par une série de concessions réciproques La mort tragique d'Anne du Bourg, qui fut un des plus remarquables représentants de ce tiers parti au sein du Parlement, mit fin à ces tentatives couragereuses. Ils acceptaient la définition des théologiens, que l'usure est toute accession au sort, perçue ou espérée dans le prêt de consomption ; mais ils restreignaient ce nom au prêt des pauvres et des indigents. Ils distinguaient donc deux sortes de prêts : le prêt gratuit dû aux pauvres et le prêt intéressé destiné aux marchands et aux riches, c'est-à-dire de tous ceux qui tirent profit de l'argent emprunté. Au fond, ils tentaient une conciliation entre l'esprit des Pères, les formules scolastiques, les doctrines de Calvin et de Dumoulin. De là est venue la distinction entre le prêt de consomption et le prêt de reproduction. Les Politiques eurent comme hériters de

Coquille cependant est bien éloigné des exagérations de toute sorte relatives à l'usure : « Les canonistes, dit-il, ont traité le fait des usures avec extrême rigueur et avec péril, si les cours layes suivaient leur doctrine, de gâter tous les commerces ; et, pour plus exercer leur rigueur, ont tenu qu'aux juges d'église appartient la connaissance des usures, privativement à tous autres juges ; et aucuns docteurs de droit civil ont adhéré à cette opinion, parce que la plupart d'eux enseignaient à Bologne et à Pérouse qui sont terres d'Église. De cette opinion est Alexandre (*consil.* 59, *vol*, 1 et *consil.* 1, *vol.* 2) où il dit la raison, parce qu'au droit canonique appartient l'interprétation du droit divin, en ce qui touche la philosophie morale : mais à bon droit, nous n'avons pas tenu cette opinion en France : mais disons qu'aux juges lays en appartient la connaissance contre les lays ».

Coquille remarque, en outre, que de son temps l'usure reste toujours permise aux juifs en Italie.

CLAUDE DE SAUMAISE (1588-1558) (1). De même que Dumoulin, chez les jurisconsultes, avait ramené la question de l'usure à ses vrais principes, Saumaise vulga-

leurs doctrines Saumaise et Lecorreur. (Les canonistes et théologiens du xvie siècle distinguaient au contraire le prêt pur et simple (mutuum), du prêt de commerce (triple contrat). Les deux grands promoteurs du prêt de commerce furent : en France, Major ; à Rome, Navarre).

(1) De usuris, Leyde (1638). — De modo usurarum (1639). — De fœnore trapezitico (1640). — Diatriba de mutuo (1640).

risa dans le monde lettré cette idée que l'usure est légitime. Il faut cependant reconnaître qu'il traita la question avec plus d'abondance que de précision, et que dans tous les endroits où il voulut innover, il tomba dans de graves erreurs. Saumaise est un grammairien égaré chez les jurisconsultes. Pour lui, le *fœnus*, c'est non plus, comme on le croyait communément, le mutuum intéressé pris dans son ensemble, mais simplement le capital du prêt à usure. L'usure désigne alors l'accroissement de ce même capital. Pour lui il y aurait donc deux sortes de mutuum : l'un gratuit et l'autre fénéraire (*De usuris*, chap. II et IV). Pour justifier cette nouveauté, il invoque l'autorité de grammairiens tels que Nonnius Marcellus, Varron, Festus, Agellius ; mais à tort, car les textes lui sont évidemment contraires (*cap.* XII). Quand ils deviennent trop pressants, comme celui de Festus, Saumaise n'hésite pas à les déclarer interpolés ou corrompus (1). Saumaise modifie donc la définition jusqu'alors reçue de l'usure : *Fœnus est mutui datio cum usurarum stipulatione legitimarum pro creditae rei qualitate et contrahentium conditione* (cap. VII).

Mais pour en arriver là, il a fallu d'abord étaler la

(1) Voyez encore sur ce procédé de Saumaine la *Diatriba de mutuo*, qui roule tout entière sur la question de savoir si le prêt emporte aliénation. Le texte du Digeste est formel à cet égard ; mais Saumaise qui veut, avant tout, renverser la théorie du transfert, telle qu'elle est exposée dans saint Thomas d'Aquin, y voit encore une interpolation.

vanité des définitions antérieures, dont la plus communément admise est celle-ci : *Usura est lucrum supra sortem exactum*. Pour lui, l'usure n'est pas un lucre, mais une récompense accordée pour l'usage de la monnaie. Cette idée est très importante d'ailleurs, car dans la théorie des casuistes, l'idée de récompense justifie la conservation du don fait par l'emprunteur au créancier en retour d'un prêt (1).

Du reste, en dehors de l'argent, beaucoup de choses peuvent faire l'objet du mutuum ; et l'usure est due en beaucoup de circonstances étrangères au prêt. La monnaie, comme les divers objets, est susceptible de louage ; et le prêt à usure n'est au fond qu'une variété du louage. Saumaise repousse donc l'usure lucrative comme contraire à une saine notion des choses : l'usure c'est une récompense, un loyer, une compensation d'intérêt ou de peine, mais ce n'est pas un lucre. Ce n'est pas davantage le contrat qui donne naissance à cette récompense; rien de plus vide, en effet, que cette définition verbale

---

(2) Pour en venir à cette modification importante, il a suffi de considérer l'usure non plus seulement par rapport au prêteur, mais par rapport à l'emprunteur. L'évolution s'est faite graduellement ; et, avec Saumaise, elle arrive enfinà maturité. Le créancier n'a qu'à se dire : mon emprunteur n'est pas obligé sans doute de me payer l'usure ; mais la reconnaissance pour un bienfait reçu, lui fait un devoir de me témoigner sa gratitude sur laquelle j'ai le droit de compter. (Voyez Tolet et Molina).

Au lieu de dire : l'usure offerte comme don ou témoignage de gratitude, est chose fréquente, Saumaise ajoute : l'usure doit toujours être considérée comme une récompense.

ainsi que l'avait proclamé Dumoulin ! Il faut secouer la
paille des mots pour découvrir le grain des choses.
Est-ce qu'un contrat, cette chose essentiellement abstraite, peut donner naissance à un lucre réel ? C'est le
contenu de ce contrat, matière susceptible d'usage, et
l'exploitation de ce contenu, qui donnent lieu à une
compensation. Dans cet esprit hostile à l'esprit forma-
liste de la scolastique, il définit le mutuum gratuit qu'il
considère comme le contrat-type : « *Mutuum est quod
utendum datur, ut reddatur in eodem genere, ex iis
rebus quæ pondere, mensura, numero constant* (cap. V).
Le mutuum onéreux, ou contrat dérivé, est à l'égard du
précédent comme le loyer est à l'égard du commodat
(cap. VIII).

Cette assimilation du mutuum au loyer n'est obtenue
cependant qu'au prix du sacrifice de notions juridiques
des mieux établies. Car si les risques sont à la charge
de l'emprunteur dans le mutuum, c'est que le prêt emporte aliénation du sort.

Il est important de voir ici dans quelle mesure Saumaise dépasse la pensée de Dumoulin. Au lieu d'affirmer avec ce dernier que le mutuum n'est pas une aliénation, mais un acte d'administration, permis comme tel
aux esclaves dans le droit romain, il en fait directement
une espèce du genre loyer. Rien n'est moins nécessaire
cependant. Les objets prêtés dans le mutuum ne restent
pas, comme dans le loyer, la propriété du créancier, qui
a droit au remboursement, non plus des mêmes objets,

mais d'objets de même genre et de même quantité. Ce qui ne passe pas en pleine propriété aux mains de l'emprunteur, c'est simplement la valeur représentée par ces objets. Dans cet esprit, Dumoulin avait affirmé très exactement que le prêt d'une somme se transforme en crédit, alors que Saumaise proclame d'une façon excessive que le prêt à usure n'est qu'un simple loyer.

Cette affirmation, communément admise de nos jours, repose sur des principes inconnus de Saumaise. Si les modernes parlent du loyer de l'argent, c'est au nom des idées économiques qui font de l'argent une *marchandise* au même titre que les autres choses. Mais au XVIIe siècle, cette idée ne s'était pas encore fait jour. Le raisonnement de Saumaise procède donc ici d'une manière analogique : il consiste à nier purement et simplement les différences qui existent entre plusieurs contrats, pour affirmer ensuite leur idendité absolue. Cependant les différences demeurent et Saumaise n'a point résolu la difficulté pour les nier.

Saumaise a encore attaché son nom à cette opinion particulière qui fait de la centésime un prêt d'argent au taux de 1 pour 100 par an ; alors qu'il paraît très évident que ce taux doit être compté tous les mois, à la manière des Grecs, auxquels les Latins avaient emprunté leurs habitudes commerciales. Et puis, comment admettre un écart aussi considérable entre la centésime et l'*hémiole*, ou usure des fruits, dont le taux représente pour Saumaise notre 50 pour 100 ? (1).

Nicole (1625-1695) (2). — Il admet que l'usure est un péché, parce que telle est la tradition de l'Église. Mais au regard de la raison naturelle, il en est est tout autrement. « Il serait bien difficile de persuader qu'il y eût du mal à tirer 5 pour 100 d'un argent que je prête à un marchand, lorsque ce marchand estime beaucoup davantage le gain qu'il s'attend de faire de mon argent : de sorte qu'il trouverait que ce lui serait une condition bien moins avantageuse que j'eusse part à son gain en courant les mêmes risques que lui. » Et puis n'y a-t-il pas bien des cas où ces risques n'existent même pas ? Si, dans un de ces cas, je ne touche que 5 pour 100, sans assumer théoriquement les risques, au lieu de 10 en les assumant, n'est-il pas évident que je fais gagner 5 pour 100 par an à mon emprunteur ?

Mais tous ces raisonnements n'ont aucune force contre la loi de Dieu. Encore est-il qu'il ne faut point étendre la défense de l'usure au delà des limites posées dans l'Écriture Sainte et les Pères. Cela deviendrait surtout

---

(1) *De modo usurarum*.

L'hémiole, ou taux du prêt des fruits à 50 pour 100, est admis chez les anciens par Suidas, Hésychius, Agellius, l'empereur Constantin, saint Jérôme, Denys le Petit, etc.

Le taux de 18 pour 100 est défendu par Dumoulin, Scaliger, Hotman, etc.

Celui de 6 pour 100 par Zonare, etc.

(2) Essais de morale, tome V, traité VIII, pages 99 et 100.

périlleux si l'on condamnait des contrats qui ne sont proscrits comme tels par aucune loi ecclésiastique ni civile.

Nicole est donc ici un héritier de Gerson égaré en plein XVIIe siècle. Si les jansénistes attachèrent ensuite leur nom à des doctrines plus rigides, ce fut par réaction contre les jésuites, qui s'étaient toujours montrés tolérants dans la pratique du commerce et de la banque.

Holden (1). — Ce savant docteur de Sorbonne qui publia en 1642 une lettre sur l'usure, nous a légué une raison curieuse de considérer ce contrat comme une institution conforme au droit naturel : « Nous voyons, dit-il, que les princes et les républiques assignent un taux fixe et un prix déterminé à l'usage de l'argent, ou à son usufruit. Il me paraît très certain que la même autorité qui établit la nature et l'essence des choses, a le droit de les détruire. Or, nous avons montré plus haut que c'est l'autorité souveraine qui donne aux espèces leur valeur et leur nature. Il nous paraît que si les gens versés dans le commerce de l'argent et qui possèdent la théorie du négoce, reconnaissent que l'argent négocié ne doit plus être mis au rang des choses qui se consument par l'usage, on ne pourra plus dire que toute stipulation d'intérêts soit nécessairement usuraire ».

(1) *Divinae fidei Analyses*, Paris, 1685. La lettre, sur l'usure est au début du traité. — Elle fut réfutée dans maint ouvrage. V. notam. l'Usure expliquée et condamnée de Du Tertre, Paris, 1673.

Comme chez Nicole, on saisit directement ici l'influence de Gerson. Voici, en effet, un autre passage très significatif à cet égard : « Dès que la perception d'un profit en raison du prêt ne fait pas tort au prochain, elle n'est peut-être pas illicite et injuste, quoiqu'elle participe par sa nature d'une certaine usure ».

Cependant Dumoulin lui-même n'accepterait pas cette manière de justifier l'usure. Pour lui, en effet, si la monnaie n'est point une marchandise proprement dite, elle est du moins une institution du droit des gens ; et, comme telle, elle ne peut dépendre du caprice d'un souverain.

CHAPITRE VII

LES DOCTRINES LIBÉRALES A L'ÉTRANGER

Bacon. — Grotius. — Puffendorf.

Bacon (1561-1626) (1). — En Angleterre, Bacon marque la rupture définitive des théories juridiques sur l'usure avec la tradition scolastique. « Pour moi, dit-il, tout ce que je me permettrai de dire sur ce sujet si rebattu, c'est que l'usure est une de ces concessions faites à la dureté du cœur humain, et un abus qu'il faut tolérer, parce que le prêt et l'emprunt étant nécessaires à chaque instant, la plupart des hommes sont trop intéressés pour prêter sans intérêt. »

Après cette révérence obligée à la théologie, Bacon examine les inconvénients et les avantages de l'usure, « afin de démêler le bon d'avec le mauvais, et de procurer l'un en évitant l'autre ».

(1) Essais de morale et de politique publiés en 1597. — Trad. Buchon, p. 515 à 518. — Nous n'avons pas pu marquer exactement l'influence de Bacon sur Locke, faute de posséder l'ouvrage introuvable de ce dernier sur l'intérêt. Cependant, cette influence fut capitale, car le disciple français de Locke, Montesquieu, dégage l'usure des théories scolastiques, comme Bacon l'avait fait lui-même en Angleterre.

Inconvénients de l'usure (1). — 1° « Elle diminue le nombre des marchands ; car si l'argent n'était pas gaspillé dans ce vil agiotage, où il est comme stérile, il serait employé en marchandises et fructifierait par le commerce, qui est la veine-porte du corps politique ou le canal servant à l'importation des richesses » 2° L'usure appauvrit les marchands en diminuant leurs revenus. Et de ces deux inconvénients réunis résulte la diminution du produit des douanes. 3° L'usure concentre tout l'argent du pays entre les mains d'un petit nombre de particuliers ; parce que son gain étant toujours certain, l'usurier ne joue qu'à coup sûr. 4° L'usure fait baisser le prix des terres et des autres immeubles, en attirant à elle tout l'argent. 5° Elle détourne « du travail les citoyens, elle éteint leur industrie et diminue le nombre des inventions utiles qui tendent à la perfection de tous les arts, » parce qu'elle attire tout dans son gouffre.

Pour tout dire d'un mot, l'usure est une « vermine qui suce... le plus pur sang » des particuliers et de l'État.

Avantages de l'usure. — 1° L'usure est indispensable à ceux qui débutent dans le commerce sans avances. 2° Quand surviennent des besoins soudains, comme

---

(1) Les disciples anglais de Bacon qui se sont attachés à développer ses idées dans le sens des inconvénients, sont Culpeper et Child. — En revanche, Bentham n'a mis en lumière que ses avantages.

dans les cas de « prompts et gros remboursements, »
l'usure permet d'échapper à la ruine qui accompagne
ordinairement les ventes à vil prix.

Il ne faut donc pas songer à abolir l'usure, car il en
résulterait une infinité d'inconvénients. « Une telle idée
doit être renvoyée à l'Utopie de Morus. » Bacon se contente de lui « limer les dents, » sans se priver de ses
avantages. Dans ce dessein, il propose deux taux pour
le prêt. Le premier de 5 pour 100 est le taux maximum de tous les emprunts en général. Le second de
9 pour 100 est réservé aux villes commerçantes et « à
certaines personnes désignées, » qui paieront en retour
un faible tribut. Bacon qui n'est pas partisan des ban-
ques, et veut laisser chacun « maître de son argent, »
accorde ce droit à tous ceux qui en feront la demande.

Après cela, nous dit Bacon, « si l'on m'objecte que
ce que je viens de dire autorise en quelque manière
l'usure qui, auparavant, n'était permise qu'en certains
lieux, je réponds qu'il vaut beaucoup mieux permettre
une usure ouverte et déclarée, que de souffrir tous les
ravages que fait l'usure lorsqu'elle est secrète, par la
connivence de ceux qui la font avec ceux qui en ont
besoin, ou qui, obligés par état à la punir, la favorisent ».

Grotius (1583-1646) (1). — Il exorcise à son tour

____

(1) Le droit de la guerre et de la paix. Trad. Barbeyrac, liv. II,
ch. XII, § 20 ; et note sur saint Luc. VI, 35.

quelques-uns des vains fantômes dont l'imagination des théologiens du moyen âge avait peuplé la sphère du droit naturel.

On soutient « que le prêt de consomption est gratuit de sa nature. » Qu'à cela ne tienne ! Si l'on stipule un intérêt, il suffira de changer le nom du contrat, comme cela se produit dans le prêt à usage.

L'argent, dit-on, est stérile de sa nature. Cela est également vrai pour les maisons et mille autres choses semblables, qui ne deviennent fertiles que par l'industrie des hommes.

« On objecte que, dans le prêt de consomption, celui qui prête transfère à l'autre la propriété de la chose prêtée, » et que « les fruits d'une chose doivent appartenir au propriétaire. » Mais c'est là une vaine subtilité, sans « aucun fondement dans l'équité naturelle. » Le droit de se faire rendre un équivalent de même nature tient lieu de propriété. Et cette propriété est d'autant plus précieuse que la restitution en est plus rapprochée. Les délais sont donc susceptibles d'estimation ; et c'est payer moins que de payer tard. Si je prête cent écus à mon voisin, à la charge pour lui de me rendre plus tard un service de même nature, je fais là un véritable échange qui ne renferme pas plus d'injustice que si je prête aujourd'hui mes bœufs à ce voisin, à la condition qu'il me prêtera les siens une autre fois. Mais cette obligation est évaluable à prix d'argent, et par suite rachetable.

En outre, le principe de droit naturel que nul n'est obligé de rendre service au prochain à son détriment, me permet de stipuler un intérêt pour la somme que je lui ai prêtée, et dont j'aurais pu me servir pour acquérir des biens susceptibles de revenus. Ces fruits d'ailleurs peuvent être incertains; « mais cette incertitude même a son prix, et on la vend même souvent comme tout ce où il entre du hasard. » Les adversaires de l'intérêt admettent cependant l'indemnité « de retardement d'un paiement. » C'est là une pure subtilité, car je puis dire : « Si vous ne me payez pas dans trois jours, vous me donnerez tant de plus; » tandis que cette convention deviendrait illicite si j'avais oublié de parler de trois jours. « Concluons donc, ajoute Grotius, que sans préjudice du droit naturel, toute personne, qui se passe de l'usage de son argent, pour faire plaisir à un autre, peut stipuler par avance de cet autre quelque chose, en récompense de ce service. »

Grotius remarque que les invectives des anciens s'adressent moins au contrat d'usure qu'aux circonstances qui l'accompagnent ordinairement. Puis, par une inconséquence bizarre, et qui ne s'explique que par les variations de sa pensée aux différentes époques de sa vie, il admet que la prohibition de l'usure entre Hébreux s'applique à *fortiori* à tous les chrétiens. Suivant alors dans son raisonnement la marche empirique de l'Église à travers les âges, il accepte la distinction entre l'usure proprement dite et l'indemnité de dommage naissant et de gain cessant. Cependant il ne veut pas que l'on puisse confondre avec l'usure certaines conventions d'une autre nature. Il refuse donc ce titre d'usure au remboursement des frais du prêt, et au paiement d'une somme, fondé sur les risques de perte du capital.

Si l'intérêt fixé par les lois humaines ne surpasse pas cette indemnité de dommage naissant et de gain probable, il n'est contraire ni au droit naturel, ni au droit divin. Au-dessus de ce taux, « les lois ne donnent pas un véritable droit d'exiger ce surplus ; elles ne font qu'accorder l'impunité. »

Puffendorf (1632-1694) (1). — Il soutient, à la suite de son maître Grotius, que la défense de l'usure n'est pas un précepte de droit naturel, non plus qu'un précepte de droit divin. Dieu ne « défendait de prêter à usure de Juif à Juif » que pour des « raisons politiques ; l'une tirée du naturel de ce peuple, l'autre de la constitution du gouvernement ». En effet, les Juifs, regardant la richesse comme la souveraine félicité, les riches n'auraient pas manqué d'opprimer et de ruiner entièrement les pauvres. De plus Moïse, ayant formé un état populaire, devait proscrire une trop grande inégalité de biens entre les citoyens. Le pays ne vivant d'ailleurs que d'agriculture, et fort peu de commerce, « tous ceux qui empruntent, ne le font que parce que la nécessité

____

(1) Le droit de la nature et des gens. Trad. Barbeyrac, t. II, liv. V, ch. VII.

et l'indigence les y réduit; « et les dettes ne comportent ordinairement que de petites sommes (1). »

Mais quand il s'agit de sommes très fortes et qui rapportent un gain considérable, le prêt gratuit n'est pas obligatoire. Il serait donc déraisonnable de refuser au créancier une part du gain que le débiteur fait avec ces sommes.

Outre qu'on perd ainsi le profit de son argent, on échange son bien contre une simple obligation, avec tous les risques et tous les ennuis qu'elle comporte.

Au reste, cet intérêt excitera les riches à prêter aux négociants ; « ce qui fera fleurir le commerce, au grand avantage de l'État. »

Pour la quotité des intérêts, Puffendorf, à l'encontre de Grotius, veut la fixer, non sur la diminution du gain ou sur la perte de celui qui donne, mais à proportion du profit ordinaire que les débiteurs tirent de leur trafic. Et c'est là une vue entièrement différente de celle des théologiens.

Il combat d'ailleurs leur réalisme excessif dans l'affectation exclusive du mutuum au prêt gratuit. Il soutient au contraire que, « comme on peut accorder à autrui l'usage d'une chose de deux manières, ou gra-

(1) On remarquera ici que ce sont des raisons de cette nature qui ont fait bannir l'usure de la République de Platon. C'est que, entre le gouvernement de Platon et celui de Moïse, il y a d'étranges ressemblances. Le premier nous offre le tableau d'une *théocratie aristocratique*, calquée sur l'antique théocratie des Égyptiens ; et le second donne aux juifs un *gouvernement théocratique populaire*, plus conforme à leur tempérament.

tuitement, ou moyennant une certaine rente, d'où il résulte un contrat de prêt à usage, ou un contrat de louage, rien n'empêche aussi qu'on ne prête de l'argent ou sans intérêt, ou à intérêt. »

On objecte, non moins en vain, que la monnaie est stérile, puisqu'on a attaché à la monnaie un *prix éminent*. L'industrie humaine la rend très féconde, puisqu'elle sert à acquérir des choses qui produisent ou des fruits naturels, ou des *fruits civils*, au rang desquels il faut mettre les intérêts payées par le débiteur au créancier.

Il ne faut pas dire, avec Aristote, que l'argent est naturellement destiné « à assortir les échanges, et non pas à se multiplier, pour ainsi dire, de lui-même ; » une des parties tout au moins, l'emprunteur, le multiplie à l'aide de l'échange. D'ailleurs, la propriété qui fut établie originairement pour l'usage personnel des particuliers, a bien pu se louer ensuite, sans violer le droit naturel.

Qu'importe désormais cette difficulté aussi subtile que spécieuse du transfert légal de la propriété des choses qui se consument par l'usage ! Mais le droit de consumer ma chose, pour ne m'en restituer l'équivalent qu'après un certain temps, est parfaitement appréciable à prix d'argent. Un homme, à qui j'épargne un troc ruineux ou des rentes à vil prix, ne doit pas être dispensé de me faire part du gain que je lui procure. Cela est si vrai, que partout où l'on a proscrit

l'usure, on a dû **en** admettre des équivalents. L'Alcoran
défend aux Mahométans le prêt à usure. Il est remplacé
en Mauritanie par une sorte de contrat de société entre
le créancier et le négociant, où le créancier stipule souvent la moitié des profits. Si le capital est perdu, le
créancier n'est tenu que de sa restitution ; si la moitié
seulement du capital est perdue, cette moitié se prendra
sur le gain qu'ils auront fait avec celle qui reste. En
Perse, l'antichrèse est permise, même avec la clause
commissoire . Rien n'empêche aux yeux de Puffendorf, de remplacer par un intérêt les fruits du
gage.

Ainsi donc, la grande raison qui justifie le prêt à intérêt, c'est non pas le risque, comme le croit Grotius,
mais le gain qu'on aurait pu faire avec son argent, si
l'on ne s'en était pas dessaisi. Toujours est-il que cet
intérêt est un dédommagement qui, faute de détermination absolue, est réglé sur le pied des intérêts ordinaires.

Enfin le prêt à usure est absolument nécessaire pour
le commerce. Cela est si vrai que la prohibition canonique a dû tolérer des expédients comme les rentes
constituées à prix d'argent, les rentes constituées sur
des immeubles, perpétuelles d'abord, puis amortissa-
bles ou non rachetables, les monts-de-piété ; enfin le
change sec et le mohatra servirent encore à déguiser
l'usure.

Puffendorf approuve entièrement, du reste, la réglementation de l'usure par les lois civiles, ainsi que la gratuité du prêt de consommation fait aux pauvres (1).

(1) Le fameux jurisconsulte hollandais Noodt a, lui aussi, attaché son nom à la défense de l'usure (*De fœnore et usuris libri tres*, Leyde, 1698). Voici au point de vue du droit naturel comment il exprime sa défense :

Non esse causa cur damnetur pecuniæ incrementum quod ad lucrum spectat et proprie usura aut fœnus appellatur. Creditorem in fœnore utilitati suæ studere sine debitoris injuria : et hoc ei naturaliter licere. Fœnus humanae conjunctioni non adversari, sed convenire, necessariis ex officio dari quae non utique dentur quibus nulla tenearis necessitudine. Et cur ? in pecunia et frugibus credendis duplicem fieri conventionem : unam quæ beneficio proxima sit : alteram quae utililatum permutatione constet : neutram a jure gentium abhorrere. (liv. I, ch. VI). Comme on le voit, Noodt est un disciple de Saumaise.

CHAPITRE VIII

LES DOCTRINES LIBÉRALES AU SEIN DE LA TRADITION

Les Casuistes espagnols. — Tolet — Molina.

Pour donner une idée exacte de ces casuistes contre
lesquels s'exerça la verve de Pascal, nous choisirions,
non deux théologiens de second ordre et sujets à caution, comme Escobar et Bauny, mais deux hommes
particulièrement remarquables, jésuites tous deux, et
tous deux espagnols, le cardinal Tolet, mort en 1596, et
Molina, mort en 1600.

Tolet. — (1) Ce qui constitue essentiellement l'u-
sure, c'est la considération du temps dans la stipulation
du lucre. Aussi le profit stipulé dans un prêt pour satisfaire ses besoins n'est-il pas un péché (2). C'est seulement un péché véniel pour Soto, s'il est destiné à satisfaire notre amour du luxe et de la vanité. Cajetan n'y
voit de péché mortel que si ce profit est destiné à satisfaire des prodigalités excessives et ruineuses.

Ce n'est pas davantage un péché que de stipuler, en

(1) *Toleti Summæ lib. V, cap.* 28 *ad* 55, Lyon, 1599.
(2) S. Thom. 2.2.78.4.

retour d'un prêt, des avantages qui ne sont point appré-
ciables en argent, comme l'amitié, les honneurs, etc.
Pour qu'il y ait usure, il faut que le profit naisse principalement du mutuum, et qu'il ne soit pas une libéralité de l'emprunteur.

Mais ce qu'il importe surtout de préciser, c'est l'usure
mentale. Elle se caractérise, non par l'*espérance* ni par
le *désir* du profit, non pas même par l'*intention* pure
et simple d'un profit : il faut encore que l'intention
porte sur le profit à réaliser, *en tant que résultant du
contrat* de prêt. Qu'on y prenne garde ! si le prêteur
n'apercevait dans le profit qu'un témoignage de gratitude ou une sorte de pourboire, ce ne serait pas une
usure mentale. Il ne suffit même pas que l'intention
porte simplement sur le profit en tant que résultant du
prêt, il faut qu'elle porte sur ce profit d'une façon *principale*. Un péché mortel en cette matière suppose donc
que le prêteur ne reçoit l'usure, et que l'emprunteur
ne la paie, que sous cette intention principale. Dès lors
la restitution s'impose. Elle s'impose, du reste, tant que
le prêteur ignore l'intention gracieuse de l'emprunteur.
Il y a encore lieu de restituer, si le prêteur s'est mépris
sur l'intention de l'emprunteur, s'il n'a vu qu'une gratitude dans un présent que l'emprunteur considérait
comme un paiement. Mais ici la restitution s'impose
en l'absence de péché mortel.

Il y a usure palliée : 1° quand le pacte sous-entendu
est exprimé par un signe ou commandé par la cou-

tume ; 2° quand le mutuum est déguisé sous d'autres contrats.

Un contrat qui se prête aisément aux combinaisons usuraires, c'est la vente au comptant ou à crédit. Mais il faut remarquer cependant que si le marchand établit ses tarifs dans les limites du juste prix, il n'y a point d'usure, sauf dans le cas de mohatra (1), parce qu'alors la vente est *imposée* à l'emprunteur. Ce qui décèle ici l'usure, c'est l'idée de contrainte : ce contrat ne serait donc point usuraire s'il était libre.

La considération du temps, qui ferait augmenter le prix des objets vendus à crédit, rendrait le contrat usuraire. Il ne le serait point, si l'on n'avait en vue dans

(1) C'est la vente de marchandises à crédit au taux le plus élevé, suivie du rachat immédiat de ces mêmes marchandises au comptant et au juste prix le plus bas. Le rachat est opéré soit par le vendeur lui-meme, soit par des intermédiaires. Cette vente est d'ailleurs le plus souvent fictive, et la livraison des marchandises n'a pas lieu. — Au xvi⁰ siècle, le juste prix s'est compliqué. On distingue 3 prix : le prix légal, le prix vulgaire et le prix conventionnel. Tous les théologiens sont d'accord pour admettre la légitimité de la taxe légale. Pour le prix vulgaire, variable de région à région, et qui est basé sur l'usage ou l'estimation commune, on ne peut le dépasser, si l'on ne possède les titres extrinsèques de dommage naissant ou de lucre cessant, d'attachement spécial du vendeur pour sa chose, d'attachement spécial, d'utilité ou de nécessité de la chose pour l'acheteur (ce titre est repoussé par saint Thomas 2.2.77.1), et enfin des différents modes de vente (au détail, à crédit, aux enchères). On peut de même acheter au-dessous du prix vulgaire les marchandises spontanément offertes aux acheteurs, ainsi que les marchandises de rencontre, sans violer la théorie du juste prix. Le juste prix conventionnel doit donc être assis sur ces titres.

cette élévation du prix que les risques ou la privation de l'argent, et non point une idée de fraude.

Parmi les excuses légitimes du profit, Tolet reçoit la peine conventionnelle ; pourvu que l'intention soit droite, et que le prêteur ne connaisse point d'une façon probable l'insolvabilité éventuelle du débiteur au jour fixé pour l'échéance. Comme la peine suppose une faute, l'emprunteur doit être déchargé de cette peine en cas de perte fortuite du capital et d'impossibilité de rembourser. La peine doit être, en outre, proportionnée à ce qui reste à payer.

Le dommage naissant certain, ou du moins probable, excuse encore le profit. De même le lucre cessant. Tous les théologiens sont d'accord pour admettre ce dernier titre, si l'argent prêté est employé dans le commerce, et que sa privation cause une gêne certaine ou du moins probable au négociant. De simples conjectures seraient ici insuffisantes : elles doivent être fondées sur les prévisions réelles. — Le prêt consenti par suite de violence ou de fraude donne également lieu à cet intérêt.

Mais qu'arrivera-t-il si le prêteur offre spontanément son argent ? Saint Thomas repousse la légitimité de ce titre dans le prêt consenti, même à la demande de l'emprunteur. Cependant Conrad, Sylvius, Cajetan et Adrien sont d'avis contraire. Et comme, en matière morale, l'opinion probable de docteurs graves suffit pour rassurer la conscience, Tolet se refuse à y voir une usure. — Il en faut dire autant du négociant qui, sans en être prié, et mû simplement par une pensée charitable, prête son argent pour aider le prochain. Il faut noter cependant que ce marchand doit attendre l'échéance des intérêts, avant de les percevoir. Il doit encore déduire des intérêts les dépenses à imputer sur le bénéfice brut, ainsi que le prix des travaux qu'il n'a point dû exécuter, et des risques qu'il n'a point subis. Mais si le prêt était obligatoire, le lucre cessant pourrait être intégralement perçu, sans en ôter le prix des risques.

Ces diverses restrictions réduisent le lucre au tiers environ du profit brut. D'ailleurs l'évaluation en sera faite au sentiment d'un homme honnête.

La restitution s'étend à tout le surplus indûment perçu, ainsi qu'à toutes les conséquences du dommage naissant et du lucre cessant qui résultent de la perception de ces usures (1). Elle est due à ceux qui les ont payées, à leurs héritiers, ou aux pauvres, à défaut d'héritiers.

Elle s'opère d'abord sur les objets en nature, meubles ou immeubles, reçus par le prêteur à titre d'usures ; et, à leur défaut, sur les propres biens de l'usurier. Cette obligation s'étend à tous ses héritiers, chacun à proportion de ce qu'il a touché. L'héritier qui a reçu dans son lot un objet possédé à titre d'usure, doit le restituer

(1) Les fruits des biens donnés en guise d'usure, doivent donc faire retour à l'emprunteur. Mais s'il n'a donné que des choses fongibles, il n'y a pas de fruits à restituer, puisque les fruits recueillis par l'usurier ne sont dus ici qu'à son industrie. Il en est de même à l'égard des choses locatives achetées avec le produit de l'usure, et dont les fruits ne relèvent que de l'industrie de l'usurier.

intégralement à son propriétaire, sauf son recours contre
ses cohéritiers. Si les sommes dues par suite de restitution dépassent la consistance du patrimoine, ces restitutions ne sont dues, au for interne, que jusqu'à concurrence du montant de l'héritage ; quoique le for externe en impose le remboursement intégral (sauf le cas
de bénéfice d'inventaire).

L'obligation de restituer en nature s'impose, non
seulement à l'usurier et à ses héritiers, mais encore aux
tiers qui ont acquis des choses non fongibles de l'emprunteur, à quelque titre que ce soit ; les choses sont
considérées comme le produit du vol.

Mais si l'usurier ne possède que des biens acquis avec
le profit des usures, il faut distinguer, selon Soto, s'il
s'agit d'aliénations pures et simples (don, dot, récompenses, etc.), qui diminuent le patrimoine, ou d'aliénations qui le laissent intact (échange, salaire, etc.).
Dans le premier cas, les objets aliénés doivent être
restitués par les tiers acquéreurs, sauf en ce qui concerne les récompenses accordées aux serviteurs, et dont
ils ignorent la provenance. Dans le second cas, ces biens
ne sont pas soumis à la restitution, puisqu'ils ont un
équivalent dans le patrimoine de l'usurier. — Il faut
pourtant introduire ici une exception à la suite de
Navarre, en ce qui concerne la dot de la femme. Cette
dot doit rester intacte, même si la femme a vécu sur les
profits usuraires du mari ; parce que l'obligation d'entretenir sa femme est supérieure à l'obligation de restituer.

Une seconde exception regarde les enfants, qui n'ont pas de quoi vivre ailleurs ; ainsi que les serviteurs qui augmentent le patrimoine du maître ou qui sont tenus de le servir.

L'obligation de restituer s'étend encore accessoirement : 1° aux juges et aux princes qui interdisent la répétition des usures ; 2° aux avocats ou aux avoués qui défendent sciemment des usuriers ; 3° aux notaires qui rédigent des contrats palliés ; 4° aux témoins du contrat, si l'usurier est insolvable (l'obligation des témoins est solidaire) ; 5° aux commissionnaires qui recouvrent l'usure ; 6° aux intermédiaires ou aux conseillers de l'usurier.

Le rôle du confesseur diffère selon qu'il s'agit d'un usurier manifeste (1) ou d'un usurier occulte. Pour le premier, une satisfaction s'impose avant son admission aux sacrements. Si cette satisfaction préalable n'est pas possible, l'usurier doit fournir une caution suffisante en gages ou par fidéjusseurs. L'usurier qui n'a pas de quoi payer, doit l'affirmer sous serment et promettre de rembourser dès qu'il le pourra. Sinon le prêtre qui donnerait l'absolution commettrait un péché mortel, et celui qui ensevelirait l'usurier serait excommunié *ipso facto*. — Si la mort est imminente et ne laisse pas le

---

(1) On appelle usurier notoire ou manifeste, l'usurier convaincu devant les tribunaux, ou connu comme tel par des témoignages suffisants, celui qui en a fait l'aveu judiciaire, celui qui a été condamné pour usure, ou déclaré usurier notoire,

temps suffisant pour accomplir ces diverses prescriptions, il faut se contenter d'une promesse de remboursement, et de l'autorisation de révéler cette promesse à l'évêque, qui pourra ainsi assurer le remboursement, soit contre l'usurier, s'il revient à la vie, soit contre les héritiers en cas de mort. — Et si la mort ne laisse pas de temps suffisant pour cette simple promesse, les signes extérieurs de la contrition suffisent pour accorder l'absolution. Dès lors, le prêtre qui ensevelirait l'usurier ne serait pas excommunié.

Pour accorder l'absolution à l'usurier occulte, le confesseur peut se contenter d'une promesse de restitution, à moins que l'usurier n'ait déjà failli à ces mêmes promesses. S'il est à l'article de la mort, le confesseur peut l'absoudre, même sans promesse de restitution (si toutefois la mort est pressante), car le péché est occulte. On ne croira pas dès lors que le confesseur ait vu dans le mourant un usurier.

En ce qui concerne les rentes, les monts de piété, et autres contrats dérivés de l'usure, Tolet se montre des plus accommodants. C'est un esprit éminemment libéral, qui tire le meilleur parti possible des vieilles formules.

Louis Molina (1535-1601) (1). — Ce grand théologien résume toute la tradition scolastique en matière d'usure, et il l'adapte visiblement au confessionnal. Aussi

____

(1) *Opera omnia*, t. II, pp. 133 à 200. Genève, 1733.

trouve-t-on chez lui, beaucoup plus encore que chez
Tolet, une indulgence et une fécondité d'excuses iné-
puisables qui lui font une physionomie à part. Nous
nous attacherons surtout à reproduire les points les
plus intéressants et les plus originaux de sa doctrine
sur l'usure.

L'usure est contraire au droit naturel. Mais ce serait
en apporter une preuve insuffisante, que de se renfermer dans la formule suivante : L'usure est illicite, parce
qu'il est contraire à la nature du mutuum de recevoir
quelque chose au delà du sort. Car il est également
contraire à la nature du commodat de se faire payer
l'usage de la chose prêtée, sans que, pourtant, ce prix soit
illicite. La raison en est que le commodat se transorme
alors en contrat de location. Ainsi pour le mutuum,
recevoir quelque chose audelà du sort, c'est simplement
en détruire la nature. Mais il n'est pas contraire à la
justice de recevoir quelque chose au delà du sort si un
motif suffisant vient justifier ce lucre ; car la raison ne
prouve pas qu'on ne puisse rien percevoir pour l'usage
de l'argent, ni pour le temps qu'a duré la privation du
sort. Sans doute le mutuum à lui seul ne suffit pas pour
légitimer ce gain ; cependant s'il devient pour moi une
occasion de lucre cessant ou de dommage naissant, on
ne doit pas me refuser une récompense équitable. De
même, compter l'argent, le livrer et le recevoir, ou
mesurer, peser, livrer et recevoir les autres choses qui
font l'objet du mutuum, tenir des livres, courir des

risques de perte pour le sort ou des difficultés et des ennuis pour le remboursement du capital : voilà autant de raisons qui justifient une récompense pour le prêt, même si le droit humain n'en fait aucun cas.

Puisque le droit naturel défend l'usure, les pouvoirs publics doivent appuyer cette défense, non seulement auprès des chrétiens, mais encore auprès des infidèles. C'est pécher mortellement que d'accorder ce droit aux Juifs ou aux infidèles en échange d'un tribut. Le pape seul, supérieur aux rois et aux princes, peut permettre l'usure aux chrétiens et aux infidèles « *ad vitanda majora mala, aut pro majori aliquo publico bono* »; même, ce qui est rare, si les pouvoirs publics s'y opposaient.

En ce qui concerne l'usure mentale, Molina écarte le criterium qui consiste à rechercher la fin principale du prêt ; 1° parce que l'usure n'est pas constituée par le don reconnaissant de l'emprunteur ; 2° parce qu'il est permis dans tous les autres contrats de supputer cette reconnaissance, sans pécher contre la justice ; 3° parce que l'usure n'est illicite qu'en tant qu'elle est involontaire (*mixte involuntaria*) chez le payeur. Espérer un profit du prêt n'est pas contraindre l'emprunteur, même d'une façon déguisée. On peut donc prêter au roi dans le but principal de mériter ses bienfaits et ses libéralités.

Pour commettre l'usure mentale, il faut avoir en vue un lucre au delà du sort, et le considérer, non comme une pure libéralité, mais comme le prix du prêt (1). Peu

(1) On remarquera que nul, mieux que Molina, n'a su tirer la

importe, dès lors, que cette idée de profit ait été ou principale ou accessoire. Sur ce point, le confesseur doit s'en remettre à l'aveu du pénitent qui, seul, connaît son intention. Celui-ci ne devra donc restituer que si cette intention est vicieuse. La solution est la même, par analogie, que celle qu'on appliquerait au chanoine, s'il ne venait à l'office que pour gagner ses émoluments quotidiens. Ce serait un simoniaque. Mais s'il regarde ces émoluments comme nécessaires à son entretien, et attachés à sa présence aux offices, ce n'est plus un simoniaque.

Après Cajetan, Molina estime qu'on peut même solliciter l'emprunteur à vous offrir une récompense ; pourvu que ces sollicitations ne contraignent pas cet emprunteur : hypothèse qui n'est point chimérique et qui peut se produire à l'égard des personnes libérales et généreuses. Les confesseurs doivent faire preuve de prudence à cet égard, et ne pas imposer la restitution de ce qui n'est point dû.

Richard et Soto n'obligent même pas à restitution ceux qui n'ont point manifesté leur intention de prêter à usure. Molina cependant n'ose aller aussi loin. Mais il admet le prêt fait par désir de réciprocité et qui

vraie conclusion des principes scolastiques en matière de responsabilité. Pour qu'il y ait faute, il faut en effet avoir l'intention de violer la chose idéale qu'est le mutuum scolastique (ce qui n'est guère à la portée de beaucoup d'esprits). La responsabilité, en matière d'usure, est entendue de la même manière par Benoît XIV.

n'est point injuste ; pourvu que les charges soient égales, et que l'emprunteur en soit informé au préalable. On peut même stipuler des services futurs à raison d'un prêt actuel, pourvu que ces services soient imputés sur le sort. Le prix de ces services peut, en outre, être fixé à raison de leur valeur actuelle ; bien qu'on espère recueillir un bénéfice de leur plus-value future ; et cela en dépit de Soto.

Au lieu de services, on peut encore stipuler une préférence pour la vente des fruits de l'emprunteur au moment de la récolte. Ce qui importe, c'est de ne pas stipuler ces services et ces ventes comme un accroissement du capital, et comme la condition du prêt.

C'est une usure cependant que de donner 1000, sous cette clause que l'emprunteur les recevra en tout ou en partie sous forme de marchandises, dont il n'a pas besoin, ou qu'il n'aurait pas reçues à si haut prix en l'absence de prêt. Mais il ne faut pas condamner pour usure les marchands qui, sachant qu'un client ne leur achète des marchandises à crédit que pour les revendre à vil prix et au comptant, lui vendent ces marchandises dans les limites du juste prix. Ce n'est pas un contrat d'usure, mais un contrat de vente. Le Mohatra (1) n'est condamnable que si le prêt a été fait en marchandises dont l'emprunteur ne voulait, ni pour son commerce, ni

______

(1) Le Mohatra vient, ou du nom de son inventeur, ou du mot arabe Mokâtara, qui veut dire : *vente où l'on court des risques* (ce dernier sens est donné par Dosy).

pour l'entretien de sa famille, mais qu'il n'accepte que pour les revendre à nouveau à vil prix et argent comptant, soit au prêteur lui-même, soit à d'autres.

En résumé, l'usure consiste à ajouter au prêt une clause onéreuse. Mais si cette charge est assumée spontanément par l'emprunteur, soit qu'il espère la couvrir facilement, soit encore par gratitude pour le prêt consenti, ce n'est ni une usure ni une injustice. Il se peut, du reste, que ce prêt ait été offert par le prêteur lui-même et dans son propre intérêt. Dans le doute cependant, il y aurait péché.

Théorie des intérêts. — La perte survenue dans le patrimoine du prêteur par suite du prêt. s'appelle le dommage naissant. Le lucre cessant doit s'entendre de la perte d'un gain qu'on n'a pas su faire à cause du prêt. D'une façon large, on peut dire que le lucre cessant est encore un dommage. Cet intérêt est toujours licite lorsqu'on prête malgré soi.

Le lucre cessant est double : 1° Il est en puissance prochaine, lorsque l'argent du prêt était destiné au négoce, que ce négoce n'a point lieu, et que le prêteur ne retrouve point ailleurs une compensation du gain espéré. 2° Il est en puissance éloignée, si l'argent prêté n'était pas spécialement destiné au négoce ; et si, pourtant, par suite de ce prêt, le prêteur n'a pas su faire le gain qu'il aurait pu faire dans son négoce. Selon Molina, saint Thomas n'interdit l'usure que dans le second cas, mais non pas dans le premier (2, 2, 62, 2 ad 1 ac 2). Pour que le profit du lucre cessant soit permis, il faut que ce lucre cessant soit réel, sans compensation possible, et vraiment causé par le prêt.

La peine pour le retard du débiteur dans le remboursement, qu'elle soit légale, judiciaire ou conventionnelle, doit être modérée pour être juste. Il faut en outre à la différence des intérêts, qu'elle ne soit pas imputable à la faute du débiteur.

Molina admet une rémunération raisonnable au bénéfice du prêteur, si ce dernier prend à son compte les *risques* de la somme prêtée ; pourvu que le contrat d'assurance ne soit pas imposé à l'emprunteur comme condition *sine qua non* du prêt (triple contrat) (1). — La caution peut de même recevoir un prix pour le péril qu'elle assume en répondant sur son bien des dettes du débiteur. Il faut cependant que ce péril soit vraisemblable, et que le prix n'en soit pas stipulé en fraude des usures.

Si la théorie des risques permet de stipuler un gage

---

(1) Les rigoristes admettaient bien les 3 contrats, mais à la condition qu'ils ne fussent pas stipulés en même temps ni avec la même personne. Voy. à cet égard, Gaitte : *De usura et fœnore, in fine*, Paris, 1688. Autrement, ils n'y voyaient qu'une usure palliée. Les autres répondaient que 3 contrats permis ne sauraient faire un contrat défendu, sous prétexte qu'ils sont stipulés dans le même temps et avec la même personne. Au reste, disent-ils, ces 3 contrats se succèdent logiquement, à tel point qu'on n'en saurait renverser l'ordre. Voyez par exemple : Traité de l'usure et des intérêts, Cologne, 1769, pp 160 à 240.

du débiteur pour se garantir contre la perte du capital prêté, il ne s'ensuit pas que le contrat pignoratif soit chose permise. Molina admet pourtant que si le créancier recueille quelques fruits du champ stérile de son débiteur, il n'est pas tenu de les imputer sur le sort. Le champ est réputé stérile, si le débiteur n'entendait pas le cultiver, et que le créancier cependant, grâce à son travail, lui ait fait produire une récolte modérée. Si, au contraire, le champ était fertile, et que le créancier n'en ait point recueilli les fruits par sa faute, le créancier doit néanmoins imputer ces fruits sur le sort.

Les ventes à réméré sont permises si elles ne sont point faites en fraude de l'usure. Cependant le pacte commissoire reste interdit dans le contrat de gage. Mais on peut convenir, qu'à l'expiration des délais, il sera procédé à la vente du gage pour un prix non déterminé à l'avance, mais fixé à dires d'experts, dont l'un sera choisi par le créancier et l'autre par le débiteur. Les experts feront serment d'estimer la chose à sa juste valeur.

Mont de Piété. — Ce sont des établissements de prêts sur gages connus surtout en Italie et institués pour soustraire les pauvres aux usures juives. L'usure prélevée sert à couvrir les frais de ces établissements. Ils furent approuvés par Léon X au concile de Latran (1).

____

(1) Sur l'origine historique de ces sortes d'établissements. V. Billuart, *Tractatus contractuum, Dissertatio IV de Mutuo et Usura.* Contre cet établissement V. notam. Cajetan, *in comment.*

Les Monts de Piété eurent pour principaux adversaires Cajetan et Soto. S'appuyant pour les condamner sur cette raison, que les cotisations prélevées sur les emprunteurs sont un accroissement du sort, et par suite une usure, ils en concluaient que les frais ne devaient retomber que sur l'établissement et non sur les pauvres. S'il arrivait en effet à quelque riche de vouloir ainsi pratiquer la bienfaisance, ne passerait-il pas pour un un usurier ? Remplacez ce riche par l'État : la raison de condamner cette pratique subsiste toujours. Mais Molina préfère l'opinion contraire des canonistes Médina et Navarre. L'argent perçu ne l'est pas au titre du mutuum, mais bien conformément à la théorie du dommage naissant et du lucre cessant, afin de se rembourser des frais.

Escompte. — Molina admet la vente à crédit plus cher qu'au comptant pour les mêmes raisons que Tolet. Il reçoit également l'achat suivi d'un pacte de revente à un prix supérieur. Cette majoration du prix s'explique, comme l'escompte, par la théorie du juste prix, et n'est licite que dans ces limites.

Restitution. — On ne saurait s'imaginer à quel degré l'idée de restitution s'est compliquée chez les casuistes de cette époque. Nous nous bornerons simplement à énumérer ici quelques-unes des nombreuses questions

Mont. Piet. I; et Soto *lib. VI de Justitia* q. 14, *art.* 6. En sa faveur, outre Tolet et Molina, V. Lessius, *De Justitia et Jure, Appendix* 23, *cap.* 20.

qu'elle soulève, sans entrer dans les controverses ins-
tituées à cet égard : L'usurier acquiert-il la propriété des
biens qu'il achète du produit de l'usure ? L'usurier n'est-
il pas tenu de restituer ce qu'il a gagné avec le produit
de l'usure ? La rescission s'impose-t-elle dans la vente
de ces biens faite en fraude des créanciers, même à titre
onéreux ? Les biens hypothéqués d'un usurier ne doi-
vent-ils pas servir de plein droit au remboursement des
usures ? Dans quelle mesure ceux qui contractent avec
les usuriers sont-ils tenus à restitution ? Ceux qui
coopèrent à l'usure sont-ils tenus de restituer ? Dans
quelle mesure les héritiers d'un usurier sont-ils tenus
à restitution ? etc.

Rentes. — Molina distingue les rentes réelles (census
realis), c'est-à-dire assises sur des immeubles, des rentes
personnelles ou établies sur les personnes.

Les rentes sont ou perpétuelles ou temporaires.
Depuis Martin V et Calixte III, les premières sont
universellement admises. Pour les secondes, il n'en est
pas de même. Conrad, Covarruvias et Navarre admettent les rentes à temps : 1° parce que les rentes temporaires ne seraient injustes que si elles valaient plus que
les rentes perpétuelles, rachetables ou non rachetables ;
ce qui est faux ; 2° parce que 100 pièces d'or actuelles
sont plus utiles que 100 pièces d'or réparties sur 10 ou
20 ans ; 3° parce que s'il convenait d'estimer la valeur
des rentes à la quantité des sommes annuelles à perce-

voir, l'acheteur ne pourrait en aucun cas dépasser le montant du sort : ce qui est faux.

Conrad et Covarruvias ne distinguent pas ici entre rentes personnelles ou réelles ; mais Panorme et Navarre qui rejettent les rentes personnelles et perpétuelles, repoussent à fortiori les rentes personnelles temporaires.

Molina est d'accord avec tous ces canonistes contre Henri de Gand ; car il estime qu'il entre, dans la fixation des rentes viagères ou de durée indéterminée, un aléa dont il convient de tenir compte. Soto et Médina ont eu tort, de leur côté, d'exiger que ces rentes fussent stipulées sur un fonds dont les revenus dépasseraient le montant de la rente annuelle.

En ce qui concerne les rentes personnelles perpétuelles ou viagières, Molina croit que les titres de dommage naissant, de lucre cessant, ainsi que les risques du sort, sont suffisants pour fournir une excuse.

Change. — C'est un contrat légitime, s'il ne contient aucune fraude. Comme le change est utile à l'État, il convient de le favoriser.

Tels sont ces deux grands casuites, sur lesquels il convient de s'arrêter, de préférence à tous les autres. Leur méthode n'est sans doute pas aussi parfaite qu'on pourrait le souhaiter : néanmoins, comme ils ont su en tirer le parti le plus avantageux pour les nécessités de leur temps, nous croyons qu'ils méritent mieux que la condamnation dans laquelle les jansénistes du siècle suivant essayèrent d'envelopper tous les casuites en général.

CHAPITRE IX

ATTARDÉ ET RÉACTIONNAIRES

Bodin. — Les mercantilistes anglais (Culpeper, Child). — Les jansénistes (Pascal, Bossuet, Domat, Pothier). — Un physiocrate indépendant (Mirabeau).

§ 1. — Un attardé au XVIe siècle.

Bodin (1530-1596). — (1) C'est un réactionnaire très étroit en matière d'usure. Il nous propose d'observer la loi de Dieu « qui a défendu toute sorte d'usure, quelle qu'elle soit, entre les sujets. »

« Et ceux qui soutiennent sous voile et religion que les usures modérées et rentes constituées à 4 ou 5 pour 100 sont justes, attendu que le débiteur en tire plus de profit que le créancier, abusent de la loi de Dieu qui défend si disertement qu'on ne la peut révoquer en doute : combien que si quelqu'un en use modérément, cent mille en abuseront. Et tout ainsi que le coin ne fait du commencement qu'une petite fente, puis après l'ouverture plus grande met tout en pièces, ainsi

(1) République, 1593, liv. V, p. 707.

la permission des choses illicites, pour petite qu'elle soit, s'en va peu à peu en une licence débordée, comme ont fait ceux qui ont défendu l'usure entre les chrétiens et néanmoins l'ont permise pour l'Église, et pour les hôpitaux, et quelques-uns aussi l'ont trouvé bon pour la République et pour le fisc. »

Bodin blâme donc les ordonnances qui sont simplement limitatives du taux de l'intérêt, celles du roi de France comme celles de Justinien. « Il vaut beaucoup mieux s'arrêter à la loi de Dieu qui défend totalement l'usure ; et le bienfait du créancier sera beaucoup plus méritoire et honorable de prêter sans profit, que de recevoir des pauvres paysans, en qualité d'usure, une poignée de blé pour un bienfait si grand et si nécessaire. »

Depuis que Calixte III et Martin V ont donné la vogue aux rentes constituées, qui n'étaient guère usitées auparavant, le taux a monté si haut, que les usures limitées par Justinien, « en partie pratiquées ès républiques des ligues, sont beaucoup plus douces et plus supportables. » Par ce moyen « les usuriers sucent le le sang des pauvres » en toute licence, même au sein des villes riches. Ces constitutions de rentes, établies, le plus souvent, sur le pied de 8 pour 100, et auxquelles Bodin préférerait encore les usures au taux de 5 pour 100, ont eu pour résultat de faire déserter toutes les professions utiles. « Le marchand devient casanier, l'artisan méprise la boutique, le laboureur quitte son labour, le berger son bétail, le noble vend ses héritages pour tirer 4 ou 500 livres de rentes constituées au lieu de 100 livres foncières. » La rente éteinte, ceux qui ne savent aucun métier s'adonnent au vol, sèment les séditions et les guerres civiles « pour brigander en sûreté. »

Bodin cependant est un juriste. S'il se refuse à toute transaction en matière d'usure, c'est simplement à l'égard des sujets. Mais la loi serait injuste si elle ne permettait pas de « bailler à usure » aux étrangers, alors que cela n'est pas défendu aux étrangers à l'égard des sujets (1).

§ 2. — La réaction mercantile en Angleterre.

Culpeper. — Dans son traité contre l'usure publié en 1621 (2), le chevalier Culpeper se montre le digne héritier de Bacon. Pas plus que son maître, il ne s'embarrasse de théologie ; c'est un pur empiriste. Et comme

(1) Bodin croit à tort que le taux de la centésime est de 1 p.100, et celui de l'hémiole 50 p. 100. La centésime se compte tous les mois, ce qui fait 12 p. 100 l'an ; et l'hémiole n'est, conformément à son étymologie, que la moitié en plus de la centésime, ou 18 p. 100.

(2) *Traité contre l'usure*, publié à la suite des œuvres de Child dans la traduction française in 12, 1754. — Nous avons cru utile de faire une place assez considérable à l'empirisme des économistes anglais, parce qu'il représente un courant d'idées tout à fait nouveau et entièrement opposé aux doctrines purement rationnelles des Français.

l'usure cause à cette époque une stagnation dans le commerce, il ne va s'attacher qu'à en faire ressortir tous les inconvénients.

1° L'usure « cause chaque jour une décadence visible » dans le commerce extérieur. « Aussitôt, dit-il, que nos négociants ont acquis une fortune un peu considérable, ils abandonnent le commerce et préfèrent de prêter leur argent à intérêt. » En outre, « la plupart des jeunes commerçants sont ruinés ou découragés par le haut prix de l'usure ; leur industrie ne sert qu'à enrichir les autres ; pour eux, ils restent pauvres. » Bref. toutes les industries qui ne rapportent pas 10 pour 100 sont vouées à la décadence.

Ajoutez-y la concurrence des Hollandais, qui ne peuvent prêter à plus de 6 pour 100. Aussi, « le défaut d'égalité en ce point avec les autres nations nous cause un désavantage infini. »

2° Même situation pour le commerce intérieur. Les profits de l'usure « sont si aisés, si certains et si considérables, que tous les commerçants, propriétaires fonciers, fermiers et artisans négligent leur profession pour s'y livrer. « Le prix de l'usure est la mesure sur laquelle chacun se détermine à commercer, acheter, bâtir, planter et entreprendre quelque affaire ou marché que ce soit. » Il en résulte qu'on se désintéresse de l'achat des bois, de la construction des navires et de l'amélioration des terres, dont le prix ressemble « à celui des terres nouvellement découvertes dans le Nord de l'Amérique. » Quel contraste avec ces Hollandais qui chaque jour créent de nouvelles terres à force d'art !

Enfin « le haut prix de l'intérêt est aussi un grand obstacle aux nouvelles inventions, aux découvertes, à l'établissement des colonies. »

Cela ne tient qu'au taux excessif du prêt, car « la France et les Pays-Bas qui avaient été longtemps dévastés par les guerres qui les avaient empêchés de s'adonner au commerce et de cultiver leurs terres, non seulement n'étaient point en état de nous disputer le commerce, comme ils le font à présent, mais ils étaient eux-mêmes obligés de tirer de chez nous, pour leur habillement et leur subsistance, mille choses nécessaires que nous leur vendions à des prix fort avantageux pour nous. A présent, les Hollandais nous chassent de tous les commerces où ils se trouvent en concurrence avec nous, et les Français nous nourrissent de leur propre blé. » « Nos draps mêmes qui, jusqu'ici, ont été la mine d'or d'Angleterre, cessent déjà d'être une richesse particulièrement affectée à cette nation : d'autres pays ayant commencé à en fabriquer avec leur propre laine, et les donnant à meilleur marché que nous, privent les nôtres des débouchés qu'ils ont eu jusqu'ici. »

« Il faut donc réduire progressivement les intérêts au niveau du prix permis chez nos voisins. » Les propriétaires fonciers n'étant plus ruinés par l'usure, diminueront le nombre des emprunteurs. L'argent sera moins rare, et les terres se vendront plus facilement et à plus haut prix. Les gens qui auront des fonds disponibles, placeront leur argent dans le commerce et achèteront des terres ; le tout pour le plus grand bien du pays et l'enrichissement du royaume.

Avec la réduction, l'argent des étrangers s'en irait peut-être ; mais n'est-il pas préférable pour l'Etat « que les étrangers remportent aujourd'hui chez eux 100 livres sterling, ou que, dans sept ans d'ici, ils remportent 200 livres ? » Que leur intérêt particulier n'aveugle pas les Anglais ! Ils regagneront sur leurs terres ce qu'ils perdront sur leur argent. Partout où l'argent est cher, la terre est à bon marché ; et où l'argent est à bon marché, la terre est chère.

Puisque les théologiens et les usuriers eux-mêmes « conviennent tous que l'usure qui ronge et qui détruit est injuste, » il faut réduire notre intérêt.

JOSIAS CHILD (1). — Comme tous ses contemporains, Child est fasciné par l'étonnante prospérité de la Hollande ; et, avec Culpeper, il croit en découvrir la raison dans le faible taux de l'argent. Moins étroit cependant que ce dernier dans ses vues économiques, il fait une place à la liberté laissée par les Hollandais

(1) Child, Traités sur le commerce, in-12, 1754 : Introduction ; Discours sur le commerce ; Considérations sur le commerce ; Du soulagement des pauvres ; Des compagnies de marchands ; De l'Acte de Navigation ; Du transport des dettes ; Établissement d'une juridiction marchande ; De la naturalisation des étrangers ; De la balance du commerce ; Des colonies ; De la laine et des manufactures de laine.

au commerce, pour expliquer leur succès et leur pré-
pondérance. Les remèdes qu'il propose pour combattre
l'infériorité commerciale de son pays, sont donc l'établissement de la balance du commerce, et la réglementation du prix de l'intérêt.

En ce qui concerne le prêt à intérêt, Child est un
disciple de Bacon et de Culpeper. Comme eux, c'est un
observateur qui ne se montre guère entêté de spéculations métaphysiques. Peu lui importe la répartition
équitable du profit entre l'emprunteur et le créancier ;
ce qu'il veut, c'est la grandeur de l'Angleterre : et, « s'il
est prouvé que l'intérêt étant plus haut en Angleterre
que chez nos voisins, rend la terre, notre commune
mère, plus vile et de moindre valeur, empêche la culture
et l'amélioration de notre pays, arrête les progrès de
notre commerce, l'emploi et l'augmentation de notre
peuple, encourage l'oisiveté et le luxe, décourage la navigation, l'industrie et les arts, » il ne balancera pas « à
prononcer que le taux de l'intérêt qui excède celui de
nos voisins, est un mal en soi, et conséquemment un
péché. » Voilà, si l'on y prend garde, une profession de
foi bien anglaise, qui sait se tenir à égale distance des
droits de l'individu et de l'humanité, et qui ne veut
point se repaître de chimères. Ce qu'il faut avant tout,
c'est mettre « la Hollande au pied du mur, » et profiter
de « l'ignorance, de l'avarice et de l'intérêt particulier »
qui auront assez de pouvoir dans les pays étrangers

« pour empêcher une aussi bonne œuvre, aussi propre
à rendre une nation puissante et heureuse. »

Pour Child, la grande cause de l'opulence des Hollandais, la *causa causans* de leurs richesses, c'est le bas
prix de l'intérêt.

« Et si l'intérêt de l'argent était amené en Angleterre
à un aussi bas prix qu'il est chez eux, nous deviendrions dans fort peu de temps aussi riches qu'ils le
sont. »

« Cela me fait croire, poursuit-il, que Moïse, ce sage
législateur, en défendant aux Juifs de se prêter de
l'argent à intérêt les uns aux autres, et leur permettant
de pratiquer uniquement l'usure avec les étrangers, eut
en cela des vues aussi politiques que religieuses : sentant qu'en prêtant aux étrangers la nation juive ne pouvait que s'enrichir extrêmement, au lieu qu'en permettant aux Juifs de retirer des intérêts les uns des autres,
il n'en revenait aucun avantage à la nation, et que tout
l'effet que cela pouvait produire, était d'appauvrir un
riche pour enrichir un autre. »

Child n'admet pas que le bas prix de l'intérêt en
Hollande provienne uniquement de l'abondance de
l'argent. Ce sont les lois qui ont donné naissance à cet
excellent résultat, et qui le maintiennent en accordant
des sûretés aux créancier, en facilitant la circulation par
le transport des billets et des obligations. Il convient,
en outre, de signaler l'économie de l'État qui n'absorbe
point à son profit le crédit public. Enfin, les caisses

publiques ayant réduit le taux de leurs prêts à 3 pour 100, ce taux est devenu un taux régulateur dans tout le royaume des Pays-Bas.

Un intérêt élevé, comme celui qui existe en Turquie, où il est de 20 pour cent, a pour effet de concentrer le commerce et la richesse entre les mains de quelques négociants, tandis que le faible taux de 4 pour cent multiplierait les petits commerçants et la masse globale des profits.

Un autre avantage de la réduction des intérêts, est d'augmenter la valeur de terres. Lorsque l'intérêt de l'argent était à 10 pour 100, le prix courant des terres, en Angleterre, était le denier 12 ; aujourd'hui que ce taux est abaissé à 6 pour 100, le prix des terres est fixé au denier 20. Les immeubles qui étaient vendus à Londres, il y a cinquante ans, 300 livres sterl., se sont vendus 5 à 600 livres après la réduction à 6 pour 600. La réduction des intérêts aura donc pour résultat de détourner les capitaux du côté des immeubles, et de rendre la vie aux provinces épuisées par la centralisation de l'argent à Londres.

Le bas prix de l'intérêt augmentera les fermages et les revenus de la terre, par la facilité accordée aux propriétaires et aux fermiers d'emprunter pour améliorer leurs terres. Il accroîtra également le nombre des commerçants de tous ceux qui, ne trouvant pas leurs intérêts suffisants, préféreront exploiter eux-mêmes leur argent.

Cette réduction, en multipliant les commerçants et

les agriculteurs, favorisera également les artisans et
et les domestiques dont le chiffre sera plus élevé ; elle
réduira le nombre des pauvres, retiendra davantage le
peuple anglais dans le pays, où il trouvera des ressources abondantes pour se nourrir ; et enfin multi-
pliera les naissances en facilitant les mariages.

Child admet que l'abondance des richesses peut
occasionner une diminution d'intérêts. Néanmoins,
« si le commerce est ce qui enrichit un royaume, et si
la diminution de l'intérêt augmente le commerce, la
réduction de l'intérêt... est sans doute une cause principale et productive des richesses d'une nation. Il n'est
point absurde, cependant, de dire que la même chose
peut être, en même temps, cause dans certaines circonstances, et effet dans d'autres. La paix amène l'abondance, et l'abondance peut être, en même temps, un
moyen pour conserver la paix ; l'amour du travail procure les richesses et les richesses font aimer le travail. »

Child est donc avant tout un Anglais, et par le caractère empirique de sa doctrine, et par son fougueux
patriotisme, auquel il sacrifie les intérêts particuliers (1).

C'est ce sentiment très vif des besoins de son époque
qui l'engage à la suite de Culpeper à n'adopter de Bacon
que les arguments contraires à l'usure, pour les déve-

____

(1) La réduction qui portera sur les intérêts des femmes et des
mineurs lui semble insignifiante. Au reste, les femmes en seront
quittes pour « s'habiller plus simplement et d'une façon plus conforme à leur fortune. »

lopper avec une extrême complaisance. Son patriotisme de mercantiliste lui fait également admirer le fameux acte de navigation, grâce auquel les Hollandais n'ont pu absorber tout le commerce de l'Angleterre ; et s'il réclame la liberté, c'est exclusivement pour les commerçants de son pays (1).

§ 3. — La réaction janséniste en France.

Pascal. — Bossuet. — Domat, — Pothier.

PASCAL (1623-1662) (2). — Pascal n'a pas condamné l'usure en soi, mais seulement la méthode des casuistes, méthode essentiellement vicieuse, si on ne la considère qu'au seul point de vue rationnel, la seule possible néanmoins au sein de l'Église catholique. La question telle qu'elle se posait, en effet, pour les théologiens soucieux de ne point entraver le commerce, était tout à la fois de respecter la tradition et ses formes surannées, et de faire une part aussi large que possible aux besoins nouveaux. Ils s'en tiraient donc à l'aide

____

(1) Dans le même ordre d'idées purement économiques, et étrangères aux théories rationnelles des théologiens et des juristes, on lira avec intérêt le livre du chevalier Nickolls, qui est un disciple de Josiah Tucker : Remarques sur les avantages de la France et de la Grande Bretagne, par rapport au commerce et aux autres sources de la puissance des États, trad franç., Leyde, 1754, IV, pp. 66-72 ; et VI, pp. 350-358.

(2) 8e lettre provinciale, éd. Molinier.

de subterfuges et de détours inconnus des anciens ; et ils faisaient appel à des combinaisons de contrats où n'intervenait point le contrat de prêt lui-même. Les premiers linéaments de cette méthode avaient d'ailleurs été fournis par les grands docteurs du moyen âge, lorsqu'ils retrouvèrent les titres justificatifs de l'usure, titres qu'ils croyaient extrinsèques parce qu'ils les considéraient comme inhérents à d'autres contrats et comme étrangers au mutuum. Les pontifes enfin avaient accentué le mouvement par l'autorisation des contrats de constitutions de rentes et des Monts de piété.

Les pères jésuites, pas plus que leurs contemporains, n'avaient donc point inventé ces biais. Ils s'étaient contentés d'indiquer quelques-uns de ces moyens faciles d'esquiver la prohibition absolue de l'usure et déjà connus avant eux, comme le triple contrat et le mohatra. S'ils avaient déployé cependant plus de complaisance que leurs prédécesseurs à en exposer les avantages, c'est qu'ils étaient plus qu'eux des hommes de leur temps et de leur pays.

Le blâme que Pascal inflige à leur méthode, retombe donc sur la tradition tout entière de l'Église. C'était pourtant le cas où jamais d'établir cette distinction capitale de l'*esprit géométrique* et de l'*esprit de finesse*, le premier applicable aux sciences exactes, et le second qui s'impose dans l'étude des sciences morales. Les bons Pères avaient peut-être exagéré cette dernière sorte d'esprit dans leurs études sur l'usure : il convenait cependant, sinon de les justifier, du moins de leur trouver quelques excuses dans le passé de l'Église elle-même. Mais le Pascal des provinciales est un homme de parti : c'est là son excuse à lui, comme aussi sa faiblesse.

BOSSUET (1727-1704) (1). — L'évêque de Meaux a rédigé pendant l'assemblée du clergé de France, tenue en 1682, un traité qui n'a été publié qu'en 1753. A vrai dire, c'est plutôt une collection de notes hâtivement recueillies, qu'un traité dogmatique. Aussi trouve-t-on dans cette œuvre un manque absolu de pondération et de justesse, et une absence de critique qui est comme le caractère intrinsèque de tous les écrits des rigoristes de l'époque sur l'usure.

Tandis que Pascal s'attaque aux casuistes médiocres de la compagnie de Jésus, c'est à Grotius que Bossuet s'en prend. Car « de tout ce qui a été dit en faveur de l'usure, déclare-t-il, je ne connais rien de meilleur ni de plus judicieux que ce qu'en a écrit Grotius sur saint Luc. » Bossuet se débarrasse très vite d'ailleurs d'adversaires beaucoup plus redoutables que Grotius. « Bucer est le premier auteur que je sache qui ait écrit que l'usure n'était pas défendue dans la loi nouvelle. Calvin a suivi, Saumaise après ; Dumoulin, qui a parlé conformément à leur pensée, a été très assurément

____

(1) Traité de l'usure, édit. Lachat, vol. XXXI.

dans l'hérésie, et a mêlé tant de choses dans ses écrits, qu'on ne le regardera jamais comme un homme dont l'autorité soit considérable en matière de théologie. »

Puisque Grotius a surtout porté son attention sur le verset de saint Luc, c'est là que Bossuet va le suivre. Il écarte tout d'abord l'interprétation « de quelques Pères, » pour qui le *nihil inde sperantes* s'entend du sort lui-même, parce que ce serait confondre le prêt avec l'aumône. Mais, « Notre-Seignenr ayant réglé dans les préceptes précédents ce qui regarde l'aumône, il fallait qu'il réglât aussi ce qui regarde le prêt, » en tant qu'il se distingue du don. Or, les lois romaines qui défendaient l'usure, la bornaient au double du capital, et défendaient de la continuer, quand, par la suite du temps, elles l'avaient égalé. C'est ce que défend ici Notre-Seigneur. Les pécheurs, dit-il, prêtent ainsi aux pécheurs, les publicains aux publicains, et les gentils aux gentils. Mais je ne veux pas que mes disciples prêtent de la sorte, ni qu'ils fassent de tels profits. « Prêtez, dit-il, n'espérant rien de là, » c'est-à-dire du profit. Bossuet repousse donc l'opinion de Grotius qui entend ainsi ce texte : N'espérant pas la réciproque. La doctrine de la loi nouvelle est que l'usure est interdite entre tous les hommes. « La raison est qu'elle est fondée sur l'esprit de la loi nouvelle reconnue par tous les chrétiens, et sur les passages formels de l'Écriture entendus en ce sens unanimement par *tous les Pères*, et par toute la tradition, ce qui est la vraie règle de la foi reconnue dans le concile de Trente, et enfin sur des décisions expresses des conciles mêmes universels, et des Papes, reçues de toute l'Église avec toutes les circonstances qui accompagnent la condamnation des hérésies, et jusqu'à dire que ceux qui défendent opiniâtrement cette erreur seront traités comme hérétiques. » Bossuet n'aperçoit en somme que les hérétiques Albanois, une variété d'Albigeois, pour avoir soutenu le contraire. A l'en croire, tous les théologiens catholiques, toute l'Église grecque elle-même, si l'on s'en fie à Balsoamon et à Zonare, partageraient cette manière de voir, que la défense de prêter à usure relève de la loi morale.

Sur le terrain du droit naturel, Bossuet triomphe des contradictions que nous avons déjà signalées dans Grotius; comme si la cause du droit naturel était liée à une erreur de logique chez Grotius. Et il écrit cette phrase vraiment stupéfiante pour expliquer l'iniquité de l'usure : « Qui me rend mon argent, me rend aussi toutes les commodités : on me rend donc en toute manière autant que j'ai prêté : la compensation est parfaite, et tout ce que j'exige au-delà est inique. »

Pour n'avoir point osé sortir de *sa* théologie, Bossuet n'a rien entendu à la question de l'usure. A plus de quatre siècles d'intervalle, il se montre d'une écrasante infériorité devant les docteurs de la scolastique ; et il commente les textes sacrés avec un parti pris et une fantaisie qui n'ont été dépassés par aucun casuiste. Comme pour Pascal lui-même, qui d'ailleurs n'a point condamné

l'usure, il nous faut constater l'erreur d'un homme remarquable qui ne sut pourtant se montrer ici qu'un
homme de parti. Bossuet, qui inspira l'Assemblée du
clergé, tenue à Paris en 1700, lui fit condamner un
certain nombre de propositions relatives à l'usure, que
nous examinons ailleurs (1).

DOMAT (1625-1695) (2). — Il a très bien aperçu la
thèse fondamentale du christianisme du droit de propriété fondé sur le devoir, pour tous les hommes, de
s'aimer et de se témoigner cet amour par une aide gratuite des personnes et des choses. Mais c'est un juriste
lorsqu'il déclare « que les conventions ont été réglées
pour les communications qui ne sont pas gratuites, et
qu'il doit y en avoir aussi pour celles qui le sont. »
Pour lui, les contrats, une fois établis, ont une nature
intangible au double point de vue du droit divin et du
droit naturel. Il retombe ainsi dans l'excès que nous

(1) Il est presque inutile d'ajouter que cette doctrine rétrograde
n'avait plus cours à Rome à cette époque. Voici du reste un passage très significatif à cet égard, tiré du livre *De commercio et mer-
catura* d'un auditeur de Rote, Ansaldus de Ansaldis (disc. LXVII, 3) :
« On ne peut douter qu'il ne soit permis au créancier de stipuler
de son débiteur un intérêt certain dès la passation du contrat,
même dans le cas particulier du mutuum : sur ce point, l'accord
est complet entre civilistes, canonistes et théologiens. Les décisions de la Rote et de la cour romaine sont dans le même sens. »
L'ouvrage est de 1672. Cet intérêt existait à bon droit par la
facilité offerte à tous d'acquérir des rentes, etc. On stipulait
l'intérêt à cette époque comme l'usure chez les anciens.

(2) Les lois civiles, pp. 70 et suiv.

avons déjà signalé chez les docteurs réalistes du moyen âge.

Aussi Domat n'ignore-t-il aucun des raisonnements de la scolastique. Tandis qu'il admet que la location est une vente réelle du droit de jouissance de la chose louée, et non pas seulement le prix de la diminution survenue à cette chose durant la location, il se refuse à discerner le même droit de jouissance dans le prêt d'une somme d'argent, sous prétexte que le transfert de la propriété et le transfert de l'usage de cette même somme sont une seule et même chose.

Que le prêt fasse plaisir au prochain, c'est là pour Domat son caractère essentiel : cette raison, alléguée par les usuriers pour justifier leurs usures, tombe d'elle-même (1).

Au reste, Domat n'aperçoit dans le prêt qu'une institution de la charité destinée à venir en aide aux indigents. Il n'aperçoit pas le mouvement progressif de la civilisation de son temps, non plus que les besoins nouveaux du commerce et de l'industrie. A cet égard, c'est un vrai contemporain d'Alexandre de Halès.

Domat justifie encore le profit de l'emprunteur par la

---

(1) Domat restreint ici la question à une misérable chicane de juriste. La question qui se pose réellement est celle-ci : Est-on contraint par la nature même d'un contrat, à rendre service au prochain, alors que ce service ne lui est pas dû ? Autrement dit, le droit civil peut-il imposer la charité obligatoire dans certains contrats ? Il est clair que ni le droit divin, ni le droit naturel ne disent rien de semblable.

théorie des risques, qui est devenue bien insuffisante, à une époque où la vénalité des offices offre tant de moyens de placer avantageusement son argent sans courir aucun risque.

Enfin, en bon jurisconsulte qu'il est, Domat repousse même les titres du dommage naissant et du lucre cessant. Le créancier « doit prêter gratuitement ; et si le prêt ne l'accommode pas avec cette condition, qui en est inséparable, il n'a qu'à garder son argent et en faire quelque autre usage. » Si cette solution est la seule convenable au for externe, il n'en est pas moins vrai qu'elle renverse toutes les notions de justice avec lesquelles les docteurs avaient cru devoir compter, et que de plus, elle ruine le crédit.

Mais Domat n'a vu dans l'usure « que la cupidité de celui qui prête et l'indigence de celui qui emprunte ; » c'est pourquoi il s'est montré le plus intraitable des réactionnaires, plus étroit que tous les docteurs du moyen âge, et que Bossuet lui-même.

POTHIER (1699-1772) (1). — Pothier reprend la définition adoptée par Dumoulin : *Usura est quidquid ultra sortem mutuatam exigitur*. « On appelle intérêts ou usures tout ce que le prêteur exige de l'emprunteur de plus que le sort principal ». Pothier élimine donc de sa définition l'élément intentionnel des théologiens. Mais il tombe immédiatement dans cette distinction

____

(1) Traité du contrat de prêt de consomption.

qui leur fut si durement reprochée par Dumoulin, de l'usure lucrative ou usure proprement dite, et de l'usure compensatoire ; comme si la loi romaine n'avait pas également établi l'usure par manière d'intérêt ou de compensation, et comme si elle n'avait eu en vue que l'avantage du prêteur.

Pothier, esprit timide et sans originalité, résume d'ailleurs avec clarté toute la doctrine scolastique. Avec lui l'injustice de l'usure reste toujours fondée sur la théorie du transfert des choses fongiles dans le prêt de consomption. Pas plus que les scolastiques, il ne sait s'abstraire du fait matériel de l'échange numériquement égal de deux sommes d'argent, pour s'élever jusqu'à l'idée de valeur, et d'usage des valeurs, qui est la raison d'être de l'intérêt dans le prêt d'argent, comme du loyer dans le prêt des choses non fongibles.

Il rapporte, en outre, cette distinction arbitraire des théologiens, que l'usure, étant défendue par la loi morale des Hébreux et non par leurs lois politiques, est contraire au droit divin. Elle ne serait permise à l'égard des étrangers que pour les exterminer, et ne serait tolérée qu'à la façon du divorce.

Ce qui est plus grave, c'est que Pothier invoque le canon XLIV des Apôtres et le canon XVII de Nicée, pour justifier la prohibition absolue de l'usure ; alors qu'il n'y faut voir qu'une règle d'incomptabilité entre les fonctions sacerdotales et les métiers séculiers. Il cite encore le canon XII du concile d'Arles, tenu en 314, qui défend l'usure « *juxta formam divinitus datam*, » et il lui suppose un caractère entièrement moral. Or, cette *forma divinitus data* signifie à la lettre : *conformément à l'institution divine* du sacerdoce d'Aaron ou du canon des Apôtres. Pothier est aussi malheureux dans le reste de ses citations. Il déclare, par exemple, que la condamnation du concile de Nicée, pour porter directement sur les clercs, n'épargne pas les laïcs. En réalité, le concile ne dit rien de tel. Ce sont les canonistes qui inventèrent cette extension du canon de Nicée aux laïcs, extension contraire à toutes les régles du droit pénal.

Cependant Pothier nous déclare, en s'appuyant sur les ordonnances, que, même s'il n'était pas contraire au droit naturel et au droit divin, le prêt à usure n'en serait pas moins défendu au for de la conscience en vertu des lois du prince, qui obligent tous les sujets de son royaume.

Le prêt de commerce intéressé semble à Pothier tout aussi condamnable que le prêt à usure pur et simple. Il entreprend donc la réfutation de deux ouvrages publiés en 1684 (1) et en 1738 (2), et qui prétendaient

(1) Traité de la pratique des billets de Lecorreur, prêtre de Saint-Germain l'Auxerrois. Cet ecclésiastique distinguait deux sortes de prêts, comme Saumaise et Noodt : le prêt de consomption ou prêt gratuit. et le prêt de reproduction ou prêt intéressé. Le premier était dû aux pauvres, et le second était applicable aux riches, aux marchands et à tous ceux qui font des profits. Ce livre sou-

(2) *Voir la note 2, page suivante.*

établir la légitimité de l'intérêt, fondée sur la distinction nouvelle du prêt de reproduction opposé au prêt de consomption ; le second seul étant visé par les Saintes Écritures, les Pères et les Conciles.

Pour Pothier cette distinction est impossible en pratique ; de plus, elle manque de fondement solide. — Car je ne puis savoir à l'avance l'usage qu'on fera de mon argent. Si je le prête à un commerçant, ne pourra-t-il pas s'en servir pour acquitter ses lettres de change et lui donner ainsi un usage de pure consomption ? La présomption fondée sur la profession est donc sans valeur. — Le profit ne serait pas, en outre, une raison suffisante d'exiger des intérêts du commerçant ; car l'équité ne permet pas d'établir une disproportion entre ce qu'on donne et ce qu'on reçoit, même si cette disproportion est basée sur l'usage spécial de l'argent prêté ; car ici le droit d'usage reste inséparable du droit de propriété. Il en résulte que le profit du commerçant n'est dû qu'à l'usage de son propre bien, bien qu'il a exploité à ses risques et périls. Il faut donc lui appliquer la maxime d'équité : *ubi periculum, ibi et lucrum.*

leva d'ardentes polémiques au sein du clergé. V. à cet égard : Gaitte, *Tractatus de fœnore et usura*, 1688. Préface, et section V, pp. 134-163 ; et Réfutation du traité de la pratique des Billets. Paris, 1702, par Lemaire, chanoine de Soissons.

(2) Traité des prêts de commerce, Lille, 1738. Ce livre n'est, en somme, qu'une suite du précédent. C'est l'œuvre d'un inconnu sur le nom duquel on n'est pas d'accord. On l'a attribué à Petitpied, à Aubret, etc,

Ceux qui soutiennent que la somme s'évanouit *in individuo*, mais que la valeur en reste pourtant au propriétaire, avec le droit de stipuler un intérêt pour l'usage de cette valeur, oublient qu'on ne peut tout à la fois prêter une somme et en rester propriétaire. Si le prêteur se prive d'un profit probable, il peut dans ce cas stipuler des intérêts compensatoires. Mais ordinairement on ne prête au commerce que des sommes dont on n'a pas besoin. Ceux qui assimilent une somme à un fonds, et l'usage de cette somme à la jouissance des fruits du fonds, oublient qu'il n'existe ici aucune parité. Un héritage est une chose frugifère dont l'usage est séparable de la propriété, et dont la valeur croît avec les fruits ; tandis qu'une somme prêtée n'est susceptible d'accroissement que par accident. Or cet accroissement ne se produit pas dans le commerce, où l'emprunteur ne doit qu'à son industrie des profits dont l'argent n'a été que l'instrument. Le commerçant s'est servi de cet argent comme le statuaire s'est servi du ciseau avec lequel il a taillé une statue d'un prix immense. Il ne doit cependant au coutelier que le prix du ciseau.

Cette distinction d'ailleurs entre le prêt fait au riche et celui fait au pauvre, est toute nouvelle. Elle fut inconnue des Juifs. Le célèbre Grotius n'a pas connu davantage ces distinctions : pour lui tout intérêt est prohibé, à moins qu'il ne soit compensatoire ; et les lois humaines ne sauraient le légitimer au for de la conscience (1). Elle fausse, en outre, l'interprétation des textes, qui nous donnent la défense comme générale, sans distinguer entre le prêt fait aux pauvres et celui fait aux riches, entre le prêt de consomption et celui de reproduction (2). Si le concile de Trente n'a pas condamné Calvin sur ce point, c'est qu'il n'a retenu que les erreurs de dogme, sans se préoccuper de la morale. Mais ailleurs (P. 3, ad 7 decal. praec, § 20), il dit expressément avec saint Thomas : « Ceux qui font l'usure, vendent deux fois la même chose, ou vendent ce qui n'existe pas. » Enfin la jurisprudence est conforme à ces principes. Et, à défaut des lois divines, les lois humaines obligeraient au for de la conscience.

Il n'est point nécessaire, pour l'existence de l'usure, que le contrat soit formel : l'intention des parties suffit pour rendres usuraires d'autres contrats, tels que le Mohatra et le Triple contrat ; cette intention ajoute au péché d'usure celui de mensonge et d'hypocrisie.

En revanche, Pothier admet, avec toute la scolastique, les titres d'excuse résultant du dommage naissant et du lucre cessant, ainsi que la peine conventionnelle pour le retard. Mais ces excuses ne sont valables qu'au for de la conscience.

(1) Pothier ignore la note de Grotius sur saint Luc, qui ne fut insérée, que dans les dernières éditions du *de jure belli et pacis*.
(2) Les arguments en faveur du prêt de commerce sont exposés tout au long dans le dialogue entre Bail et Pontas, Nancy, 1762. — Cet ouvrage fut réfuté par le père Gasquet dans un livre intitulé : l'Usure démasquée, Avignon, 1766.

La loi n'accepte pas ces raisons qui permettraient de pallier toutes les usures : « Les hommes n'étant pas ordinairement assez charitables pour prêter leur argent à leurs amis, lorsqu'ils en ont besoin eux-mêmes pour leurs propres affaires, il y a lieu de présumer que ce qu'un prêteur allègue sur le préjudice prétendu que lui a causé le prêt, n'est allégué que pour couvrir l'usure qu'il en retire. »

Au surplus, Pothier admet le contrat de constitution de rentes, les monts de piété, le prêt à la grosse, l'escompte, etc., avec les restrictions et dans le sens indiqué par les théologiens.

§ 4. — La réaction physiocratique des débuts

Mirabeau (1715-1789) (1).

Trois sortes d'influences dominent l'œuvre du mar_ quis de Mirabeau. C'est d'abord celle de Montesquieu, dont il emprunte la méthode. Mirabeau ne traitera donc point de « l'intérêt de l'argent relativement à la conscience, mais seulement en ce qui compète la *société*. » Puis il adopte avec lui ce « principe *politique* qui paraît au premier coup d'œil peu fait pour être mis en question, » à savoir, qu'il est utile que l'argent ne soit

---

(1) L'Ami des Hommes. Avignon, 1756. T. II, chap. VIII; et tome III, résumé, 2e partie, ch. VIII.

pas « marchandise dans un État. » Pour le détail des idées relatives à l'abaissement des rentes et à leur extinction progressive, Mirabeau procède visiblement des mercantilistes anglais Culpeper et Child. Enfin Mirabeau est un Français qui subordonne nettement l'agriculture au commerce ; et qui, comme tous les Français, ne saurait se renfermer dans les limites étroites d'un empirisme pur. Il a fait dans son œuvre une large part à l'utopie. Et c'est par là qu'il a pu fournir à Proudhon quelques-unes de ses idées sur l'intérêt de l'argent.

Mirabeau distingue trois sortes de biens : les immeubles, les meubles et les rentes. Un état s'enrichit à mesure qu'il acquiert plus de biens des deux premières classes. Il n'en est pas de même pour les biens de la troisième, « à moins que les rentes ne soient établies sur les fonds de l'étranger, » car les rentes « ne sont que des tributs imposés sur telle ou telle autre partie des deux portions de biens. »

Ceux qui ont soutenu le contraire, l'ont fait sous l'influence de cette idée, que l'argent est une marchandise véritable, alors qu'il n'est que le signe représentatif de la richesse. Car si vous pouviez attirer tout l'argent de l'univers, il ne resterait chez vous « qu'autant de temps qu'il lui en faudrait pour passer à travers un sac percé, et irait se répandre partout où seraient les choses qu'il doit par nature représenter. » Les mercantilistes ont donc apporté trois raisons pour soutenir leur opinion :

I. L'État reste indépendant, car il n'a qu'à payer la rente
des fonds qu'il emprunte pour pouvoir en disposer
librement. II. Le profit qu'il en tire est supérieur à cette
rente. III. Enfin l'État qui attire le crédit public, attire à
soi tous les fonds, « par conséquent toute l'attention
et tous les moyens de prospérité. » C'est là pour Mirabeau un tissu de méprises.

I. L'État débiteur ne fait pas la loi aux créanciers
étrangers, car il doit leur donner des sûretés semblables à celles de ses propres sujets, sous peine de ruiner
son crédit, même auprès de ces derniers.

L'État qui emprunte est lié dans ses entreprises ; car
si les créanciers redoutent un prompt remboursement,
ils redoutent infiniment plus de nouveaux engagements
et la ruine possible. Le crédit de l'État dépend des
bruits fâcheux : « Cinq ou six têtes principales dans
l'Europe pourraient, le cas échéant, s'entendre et jeter
l'alarme dans les fonds publics de l'Angleterre, et décider ainsi de la guerre et de la paix chez cette impérieuse
nation. »

II. L'expérience prouve que les emprunts ruinent les
peuples. Philippe II remit ainsi « languissant et ruiné
à son fils, un État qu'il avait reçu florissant de son
père. » Si les emprunts énormes de l'Angleterre lui ont
permis de faire deux guerres, il faut remarquer cependant que les bénéfices de la première furent bien com-
pensés par les pertes commerciales que lui firent subir

nos corsaires ; et que la seconde étendra tellement ses colonies d'Amérique, que l'on peut prévoir les guerres d'indépendance qu'elle aura bientôt à soutenir dans ces colonies. « Il ne lui restera au bout que l'avantage d'avoir transporté l'humanité d'Europe en Amérique, comme autrefois les Romains la transplantèrent d'Asie en Europe. » Plus les Anglais étendront leur commerce, plus ils seront faciles à vaincre, car « toute puissance marchande attaquée dans ses foyers aura le sort de Carthage. »

Les dettes sont une chaîne, non seulement lorsqu'elles sont contractées avec les étrangers, mais encore avec les nationaux; parce que les rentiers vivent toujours d'un tribut imposé sur la portion d'autrui. « Or, tout homme qui vit sans rien faire est une chenille dans l'État, et c'est là proprement la définition du rentier. » Les rentes sont toujours prélevées sur les fonds ou sur les consommations, et, en définitive, sur les terres. Diminuez les rentes et vous augmentez les terres.

Si l'on dit qu'il y a cependant à tous les degrés de la société des rentiers qui exercent des professions utiles, cela est vrai. Il n'est pas faux non plus d'y voir une classe de la société qui ne vit qu'aux dépens des deux autres : la rente aide donc à la paresse et à l'inaction, ennemies réelles de la prospérité d'un état.

Quant à ceux qui occupent des fonctions libérales, il faut leur appliquer l'axiome que *le prêtre doit vivre de l'autel*. En outre, si l'on donne la prééminence au mérite sur la fortune, les gens en place ne seront plus si avides de biens.

Ces revenus fixes mettent, dit-on, les agriculteurs et les commerçants à l'abri des revers imprévus. Mirabeau préfère à ces revenus l'esprit d'épargne, qui sait amasser des réserves dans les cours des bonnes années, pour parer aux mauvaises.

Quant à l'objection, que les rentes ont pour effet de rendre moins avides ceux qui exercent les arts libéraux et mécaniques, c'est une pure chimère. Ces arts sont d'ailleurs destinés, non à fournir au luxe de l'artisan, mais à une honnête subsistance.

Enfin cette raison, que les rentes multiplient les biens de la société en subdivisant les grandes fortunes, n'est vraie que si les rentes sont établies sur les étrangers : autrement l'effet contraire se produit. Les rentes grossissent les grandes fortunes aux dépens des petites.

III. Mirabeau ne prétend pas cependant que le gouvernement anglais soit « inappliqué et aveugle sur ses intérêts, » mais il croit que « la diminution des intérêts dans un état est une excellente opération politique, parce qu'il se soustrait d'autant plus à la domination des étrangers. » Les Anglais peuvent, dit-on, abaisser le taux de ces intérêts. — Mais les autres nations le peuvent dans la même proportion. Et si l'intérêt est plus haut chez nous, nous retirerons notre argent d'Angleterre pour nous l'entreprêter. Un intérêt médiocre pour des dettes exigibles, ne laisse d'autre solution que la libération du capital.

Les Anglais ont de l'argent en abondance, mais ils sont tous pauvres chez eux ; le signe est plus commun que la chose désignée. Il faut en outre remarquer que, pour les Etats obérés, la banqueroute est au bout d'une guerre désastreuse ou de malheurs imprévus.

Emprunter n'est donc pas attirer à soi tous les fonds. C'est remplir le seau des Danaïdes, c'est « se procurer l'indispensable nécessité de sucer sans cesse... les pauvres en faveur des riches... »

Après avoir ainsi renversé la thèse mercantiliste, Mirabeau rejoint Child, et prouve que, dans le commerce, la concurrence n'est pas possible, quand une nation doit payer pour ses emprunts de plus gros intérêts que ses voisines. Cette augmentation du prix de revient des objets, se multiplie encore par le nombre des intermédiaires entre les mains desquels ces objets doivent passer.

Enfin Mirabeau affirme nettement la thèse physiocratique. Plus une nation a de produits, plus son commerce est florissant. Les Hollandais qui dépendent du produit d'autrui, ne peuvent rattraper une branche de commerce perdue. S'ils baissent leur intérêt, nous n'avons qu'à diminuer le nôtre pour garder sur eux tout notre avantage.

Comment opérer cette réduction ? Elle ne se fait pas en Hollande et en Angleterre par la loi du prince, mais

en vertu de l'abondance plus ou moins grande de l'or
et de l'argent. Imitons-les. Lorsque le taux de l'argent
aura été déterminé par le marché, la loi du prince
suivra l'impulsion, au lieu de la donner. Ce marché
sera tour à tour celui d'Amsterdam et celui de Londres;
car les barrières nationales ne sauraient arrêter la circulation de l'or et de l'argent à travers l'Europe.

La réglementation légale est nécessaire en France.
Aussitôt que le roi aura fixé le taux des rentes à 4 pour
100, la plupart des gens n'oseront excéder ce taux, par
crainte du péché d'usure. Que si l'on s'en dégoûte, il
n'en résultera que des avantages : « *Accroissement du
commerce, multiplication des entreprises, haussement
des fermes des terres, augmentation de manufactures,
vivification de l'agriculture*. Le grand Sully l'a dit il
y a longtemps. » Voici encore les « suites utiles et
brillantes de la richesse publique opérée par ce moyen :
*rivières rendues navigables, canaux, ports, chemins,
pépinières, manufactures, hôpitaux d'Incurables et
d'Enfants, monuments d'utilité et de décoration* ».

Non content de réglementer la rente, Mirabeau voudrait l'éteindre 1º « par le baissement proportionnel, »
2º par la substitution des récompenses honorifiques au
lucre dans tous les cas possibles. Dans le premier cas,
les étrangers ne sauraient s'en plaindre, puisque ce procédé est appliqué chez eux. D'ailleurs, ce ne sont pas
les fonds étrangers qui font aller notre commerce. En

outre, l'ordonnance ne porterait que sur les dettes légales et non sur les affaires commerciales.

Ce que le roi ferait pour l'État, « les seigneurs et particuliers le feraient sur leur patrimoine. Ne pouvant augmenter sa fortune qu'en bonifiant le fonds, on y mettrait mille pour recueillir un ; et l'on en tirerait des ressources incroyables. »

Puisqu'il est « démontré que la diminution de l'intérêt est un avantage incontestable pour le commerce..., l'extinction de tout intérêt serait un plus grand avantage encore. » Le commerce n'en souffrirait nullement. Un négociant habile trouverait partout mille associés qui s'offriraient à courir les risques de son entreprise. Les gens industrieux seraient aidés par les gens riches. Un particulier voudrait-il établir ses enfants : il trouverait dix prêteurs pour un. Un ouvrier voudrait-il s'établir, les commerçants en gros lui feraient des avances. Seuls, les dissipateurs, les agioteurs et les commerçants en banqueroute, « tous gens à noyer, » s'en trouveraient gênés.

« C'est ainsi qu'en examinant le vrai fonds des choses, on trouverait qu'en tout et partout les plus saines lois de la morale sont les plus sûrs moyens de l'intérêt. » Mirabeau n'est donc pas loin de partager le sentiment « des plus saines écoles de théologie..., et la pratique de l'Église en général, » qui « ont toujours condamné tout prêt d'argent. »

Il est curieux de remarquer que Mirabeau en s'appuyant sur le dogme physiocratique de la productivité exclusive du sol. se rapproche ainsi, sans s'en douter, du régime théocratique des peuples agriculteurs. Un autre physiocrate, Turgot, insistera davantage sur le principe de la propriété inviolable, et entraînera le reste de l'école à admettre, non seulement la légitimité du prêt à intérêt, mais encore une pleine et entière liberté pour les parties, de contracter comme bon leur semble.

CHAPITRE X

ÉMANCIPATION DES DOCTRINES ÉCONOMIQUES
AU XVIIIe SIÈCLE

Montesquieu .— l'Encyclopédie. — Condillac. — Formey. — Turgot. —
Bentham.

MONTESQUIEU (1) (1689-1755) n'a « parlé du prêt à
intérêt que dans son rapport avec le commerce des
divers peuples, ou avec les lois civiles des Romains...
S'il avait parlé là nommément de la religion chrétienne,
ayant un autre sujet à traiter, il aurait employé d'autres termes, *et fait ordonner à la religion chrétienne
ce qu'elle ordonne*... (2) L'auteur n'avait pas ce sujet à
traiter, mais celui-ci : qu'une défense générale, illimi-
tée, indistincte et sans restriction, perd le commerce

(1) Esprit des Lois, liv. XXII, chap. XIX, XX, XXI et XXII. —
Défense de l'esprit des Lois, art. Usure.

(2) Cela ne paraît pas exact si on compare ce passage de la défense de l'Esprit des Lois avec cet autre (Esprit des Lois, liv. XXI,
chap. XX) : « La philosophie d'Aristote ayant été portée en Occident, elle plut beaucoup aux esprits subtils qui dans les temps
d'ignorance, sont les beaux esprits. Des scolastiques s'en infatuè-
rent et prirent de ce philosophe bien des explications sur le prêt
à intérêt, au lieu que la source en était si naturelle dans l'Évan-

chez les mahométans, et pensa perdre la République chez les Romains. » Montesquieu met donc poliment la théologie à la porte des sciences politiques (1), comme Descartes l'avait fait avant lui pour la philosophie. Désormais l'économie politique va pouvoir se constituer en dehors de cette tutelle gênante.

Il faut bien se garder, pourtant, de prendre au mot Montesquieu, et de croire qu'il peut exister des solutions différentes pour le même problème. On a vu plus haut avec quel soin les docteurs avaient essayé de mettre le droit naturel de leur côté. Or Montesquieu prend à tâche de prouver d'une manière détournée, mais très sensible cependant, que si le droit divin prohibe l'usure, il n'en est pas de même du droit naturel (2). Dans la suite de ses développements, il ajoute, en effet, ces paroles significatives : « D'où il suit que parce que les chrétiens ne vivent pas sous ces termes rigides, le commerce n'est pas détruit chez eux, et que l'on ne voit point dans leurs états ces usures affreuses

gile : ils le condamnèrent indistinctement et dans tous les cas. Par là, le commerce qui n'était que la profession des gens vils, devint encore celle des malhonnêtes gens. » « Ainsi nous devons aux spéculations des scolastiques, tous les malheurs qui ont accompagné la destruction du commerce. »

(1) Le chap. IX du liv. XXVI est très significatif à cet égard.

(2) Qu'on se rappelle la définition des lois chez Montesquieu : « Les lois... sont les rapports nécessaires qui dérivent de la nature des choses. » Établir que le commerce ne saurait vivre sans le prêt à intérêt, c'est donc en faire une institution de droit naturel au même titre que le commerce.

qui s'exigent chez les mahométans, et que l'on extorquait autrefois chez les Romains. »

On ne saurait nier ici l'habileté consommée de Montesquieu. Tandis que Dumoulin n'a pas assez d'invectives pour reprocher aux canonistes et aux théologiens cette ignorance absolue du droit qui a donné naissance aux pires usures, Montesquieu félicite au contraire le christianisme d'avoir su éviter ces excès regrettables par des tempéraments appropriés aux circonstances. C'est donc, sous une forme différente, le même principe sous-entendu : qu'on ne saurait impunément violer le droit naturel.

Sur ce point nous avons mieux encore que des inductions, nous possédons l'aveu formel de Montesquieu dans une de ses lettres (1).

Le prêt à intérêt est donc nécessaire au commerce. Montesquieu le prouve avec une grande force par l'exemple des pays d'Orient et des anciens Romains. Dans le prêt, l'intérêt représente le prix de la location de l'argent considéré comme « signe des valeurs (2) ».

Prêter son argent sans intérêt, dit-il, peut être un

____

(1) Lettre 51, à l'abbé de Guasco, édit Laboulaye, tome VII, p. 283. «... Nous ne disputerons plus sur l'usure : et vous gagnerez deux heures par jour. » Voici ce que contient la note placée au bas de la page 283 : « Ce correpondant de Montesquieu avait composé autrefois un traité sur l'usure suivant le système des théologiens, système contraire à celui de l'Esprit des Lois et impraticable dans les pays de commerce. »

(2) Montesquieu, en effet, ne considère pas encore la monnaie

conseil de religion, mais non une loi civile. Car « si l'argent n'a point de prix, personne n'en prête, et le négociant n'entreprend rien non plus. » Ou plutôt, comme « il faut toujours que les affaires de la société aillent, l'usure s'établit, mais avec les désordres que l'on a éprouvés dans tous les temps. »

Montesquieu expose alors les principales lois de l'usure. L'usure augmente « à proportion de la sévérité de la défense : le prêteur s'indemnise du péril de la contravention. » Il s'indemnise encore « à proportion du péril de l'insolvabilité ». « La grandeur de l'usure maritime est fondée sur deux choses : le péril de la mer et la facilité du commerçant à réaliser promptement des bénéfices et en grand nombre. »

Telle est la doctrine de Montesquieu sur l'usure, doctrine sans grande originalité, si on la prend en elle-même, mais très féconde cependant par la manière dont elle est établie. Montesquieu a dégagé la méthode propre aux sciences politiques, et, du même coup, il a rendu possible la constitution de l'économie politique comme science indépendante.

Cette liberté d'allures chez Montesquieu lui valut d'ailleurs de très vives attaques de la part des *feuilles ecclésiastiques*, organe du jansénisme, où l'abbé de la

comme une marchandise ; et, sur ce point il n'est guère plus avancé que Dumoulin. S'il parle de location, c'est dans le même sens que Saumaise, car Montesquieu n'est pas un économiste.

Porte le prit vivement à partie les 9 et 16 octobre 1749, en l'accusant de spinosisme (1) !

L'ENCYCLOPÉDIE. — L'article relatif à l'usure fut rédigé par Bergier (1718-1790), conformément à l'esprit des Encyclopédistes. Il reprend l'idée de Saumaise d'après laquelle le prêt d'argent est une véritable location. Mais, à la différence de Saumaise, il ne s'appuie ici que sur des raisons économiques pour justifier cette assertion. Il n'y a aucune différence entre louer une maison 1500 livres, et louer une somme d'argent avec laquelle je puis me procurer la même maison pour la même somme. Mon gain est égal dans un cas comme dans l'autre. Affirmer que le prêt de terres est plus avanta-

____

(1) Le spinosisme, dans la langue de l'époque, était synonyme d'athéisme. Sur les raisons de cette prise à partie violente, voyez la lettre 86, tome VII, p. 341.

Voltaire se fit le défenseur de Montesquieu dans son Remerciement sincère à un homme charitable (T. VI, pp. 242, 243) : « Vos saintes idées sur le gouvernement politique, dit-il à l'abbé de la Porte, sont une suite de votre sagesse. On voit que vous connaissez les royaumes de la terre tout comme le royaume des cieux. Vous condamnez de votre autorité privée les gains que l'on fait dans les risques maritimes. Vous ne savez pas probablement ce que c'est que l'argent à la grosse, mais vous appelez ce commerce *usure*. C'est une nouvelle obligation que le roi vous aura d'empêcher ses sujets de commercer à Cadix. Il faut laisser cette œuvre de Satan aux Anglais et aux Hollandais qui sont déjà damnés sans ressources. Je voudrais, Monsieur, que vous nous disiez combien vous rapporte le commerce sacré de vos Nouvelles Ecclésiastiques. Je crois que la bénédiction répandue sur ce chef-d'œuvre peut bien faire monter le profit à 300 p. 100. Il n'y a point de commerce profane qui ait jamais si bien rendu. »

Voltaire considérait la monnaie comme une marchandise. Voyez son Dictionnaire philosophique à l'article *Argent*.

geux que le prêt d'argent, c'est dire que l'agriculture peut se passer de commerce, que la terre seule est productive. Cependant l'agriculture ne peut pas plus se passer de commerce, que le commerce ne saurait se .passer d'argent. Aussi disait-on anciennement pour désigner le prêt d'argent, *locare nummos, conducere nummos.*

Bergier se refuse à dire avec Bossuet que le prêt est constitué tout à l'avantage de l'emprunteur ; car pourquoi n'irait-on pas dans cette voie jusqu'au prêt d'argent *ad pompam* ?

Qu'importe ici l'origine du prêt (1) ! son rôle s'est modifié depuis. On a bâti d'abord pour se loger : la location qu'on a faite plus tard de ces mêmes maisons est-elle une chose défendue ? Il en est de même pour le prêt où l'intérêt ne cause pas de lésion. Car en vérité il serait curieux que les théologiens fussent ici plus avisés que le marchand dans ses propres affaires. En réalité, le prêteur d'argent ne se soucie pas plus de bonnes œuvres que l'emprunteur ou le travailleur.

Soutenir avec Domat qu'il faut prêter gratis ou ne pas prêter du tout, c'est contredire le Deutéronome (XV, 7, 3). Qu'on déclare la location gratuite, et personne ne louera plus de maisons : il en sera de même pour le prêt. C'est ce qui arriva au ixᵉ siècle, quand l'empereur Basile eut aboli l'usure. Son fils Léon dut revenir sur

____

(1) Voyez l'idée de contrat-type de Saumaise.

cette défense. C'est pourquoi on tolère l'intérêt dans
« les emprunts du roi et du clergé ; » tandis que les
mêmes intérêts, par une inconséquence bizarre, sont
défendus dans les affaires qui ne regardent que les
particuliers.

Au point de vue du *droit naturel*, l'objection que la
propriété suit l'usage de la somme prêtée, est une misérable chicane. Il existe deux propriétés, l'une individuelle, l'autre civile. Quand je vous prête 100 louis, je
perds la propriété civile. Je vous cède donc l'usage
d'une propriété qui ne cesse jamais de m'appartenir.
Une aliénation, pour exister, suppose en effet l'absence
de restitution. Si les légistes reconnaissent qu'on peut
simplement léguer l'usufruit d'une somme, c'est que
l'usage de cette somme n'emporte pas sa propriété.
Accordons cependant que l'usage du prêt soit inséparable de sa propriété, et que le prêt suppose par suite
une aliénation véritable. N'est-il pas moins vrai que
l'obligation de payer l'usure subsiste toujours en vertu
de cet autre principe : *Volenti non fit injuria ?*

L'argent, dit-on, est stérile. Mais il ne l'est pas plus entre
les mains de l'emprunteur qu'entre celles du commis
qui travaille pour son commettant. L'argent n'est pas
détruit par les échanges : il est constamment représenté
par les fonds et pas les effets qu'on acquiert. Il se con-
sume dans la société, comme les grains se consument
dans une terre qui les reproduit avec avantage.

Les risques ou le travail, qui n'existent pas dans

l'achat d'une charge sans exercice ou d'un papier commerçable, ne sont donc pas indispensables pour justifier mon profit.

Dire avec Aristote que l'argent, pour rester conforme à sa nature, ne doit servir qu'aux échanges et n'est pas destiné à procurer des gains, c'est oublier qu'il n'y a aucun mal à étendre la destination primitive des choses lorsqu'il en résulte un bien pour la société.

Si l'on objecte qu'il est aisé de faire valoir son argent par le moyen de rentes constituées, sans avoir besoin de recourir à ces pratiques réputées criminelles, Bergier répond que ce n'est là qu'un palliatif de l'usure, au même titre que les trois contrats. Et « si l'intérêt qu'on tire par cette voie devient onéreux au pauvre, une tournure différente ne le rendra pas légitime. » D'ailleurs ce contrat est insuffisant dans les cas où je puis avoir besoin de répéter mon argent.

Bergier croit du reste que toute usure peut se ramener aux deux cas de dommage naissant et de lucre cessant. « Tout prêteur peut dire à celui qui emprunte : en vous remettant mon argent, je vous donne la préférence sur les fonds publics, sur l'hôtel de ville, les pays d'états, la compagnie des Indes. etc., et sur le commerce que je pourrais faire ; je néglige enfin, pour vous obliger, des gains dont j'ai une certitude morale ; en un mot je suis dans le cas du lucre cessant puisque, selon l'expression de saint Thomas, vous m'ôtez un profit que j'avais déjà, ou que vous empêchez celui que j'allais faire : *mihi aufers quod actu habebam.* »

Pour tout dire, « les hommes en cherchant leurs propres avantages avec la modération prescrite par la loi, et qui serait peut-être assez balancée par un conflit d'intérêts, entretiennent, sans y penser, une réciprocation de services et d'utilités, qui fait le vrai soutien du corps politique. »

Enfin la *direction d'intention* suffirait à permettre l'intérêt légal : « En effet, il faudrait être bien dépravé pour se rendre coupable d'usure en imputant le bénéfice du prêt au prêt même, tandis qu'il est aisé par un retour d'intention, de rendre tout cela bien légitime... Rappelez-vous seulement le cas où vous êtes du lucre cessant ; et, au lieu d'exiger un profit en vertu du prêt, ne l'exigez qu'à titre d'indemnité, *titulo lucri cessantis* : dès lors tout rentre dans l'ordre, toute justice s'accomplit et les théologiens sont satisfaits. »

Enfin Bergier revient longuement sur les discussions théologiques du moyen-âge, pour conclure que l'usure, ou plutôt l'intérêt, comme on l'appelle désormais, est la chose du monde la plus légitime.

Condillac (1715-1780) (1). Avec Condillac nous entrons en pleine possession des principes de l'économie politique en matière d'intérêt.

L'argent a un produit. Ce produit varie suivant les

____

(1) Le commerce et le gouvernement, chap. XVIII.

professions de l'emprunteur. Toujours est-il qu'on ne peut se livrer au commerce, sans que l'argent employé ne rentre avec un produit, sur lequel le marchand trouve sa subsistance et celle de ses ouvriers.

Et ce produit est plus ou moins grand suivant la concurrence qui existe entre les commerçants. Sans le prêt, il n'y aurait d'assez riches pour se livrer au commerce qu'un petit nombre d'entrepreneurs ; et le prix des denrées augmenterait en proportion des besoins des citoyens. Grâce au prêt, la concurrence abaisse les prix, elle rend l'entente plus difficile et oblige à une activité plus considérable dans la vente. Le prêt à intérêt est donc juste, puisqu'il augmente la concurrence et rend le commerce plus avantageux à l'État.

D'où vient l'erreur des canonistes et des législatenrs en cette matière? D'une confusion d'idées. Pourquoi, en effet, admettre le prix du change qui n'est que l'échange de sommes en des lieux différents, et repousser le prix du prêt qui n'est qu'un échange de sommes en des temps différents? Si les « distances ne sont pas de la même espèce, faut-il en conclure que *l'échange*, dans un cas, n'est pas un échange dans l'autre ? »

L'intérêt est susceptible de hausse et de baisse selon la demande et l'offre des capitaux. C'est l'usage et non la loi qui doit régler ce taux ; car le « législateur ne doit rien statuer, s'il ne veut pas porter atteinte à la liberté. » En effet, « pour faire une loi sage sur cette matière, » le gouvernement devrait saisir « la proportion de la quantité d'argent à prêter avec la quantité à emprunter. » Mais cette proportion étant essentiellement variable, il faudrait toujours de nouveaux règlements, « sans jamais pouvoir être sûr d'en faire un bon. » D'ailleurs, « on éludera ces règlements dans les marchés clandestins : » d'où hausse de l'intérêt ; car « les prêteurs, ayant la loi contre eux, prêteront avec moins de sûreté ».

La réglementation du taux, Condillac ne l'admet qu'à l'égard des particuliers. C'est même une chose avantageuse à l'État, car elle rend les emprunts plus difficiles lorsqu'ils sont fixés à un taux très bas : et, par suite, elle prévient la ruine des propriétaires fonciers et des pères de famille, et fait refluer l'argent dans le commerce. La loi doit encore interdire le prêt fait au fils de famille sans l'aveu de ses parents ; elle doit interdire les emprunts clandestins et surtout ces usures énormes prélevées sur les revendeurs des Halles, à raison de 5 sols d'intérêt par semaine pour un écu de 3 livres, c'est-à-dire à raison de 430 pour 100 par an (1).

« L'exécution de ce projet n'est pas facile sans doute, mais il serait utile de s'en occuper. »

Formey (1711-1797) (2), ministre de l'église réformée, aborde l'usure d'une façon très curieuse. Prêter

_____

(1) Mercier (Tableau de Paris, Amst. 1783, tome III, chap. 49, page 229), nous raconte que les usuriers à la petite semaine recevaient 7 livres 4 sols au lieu de 6 livres. Ils ne prêtaient pas sur papier, mais faisaient jurer sur le Christ la restitution du capital et des intérêts. Voir Turgot, XXXI.

(2) Mélanges philosophiques, t. I, p. 215. Leyde, 1754.

son argent sans intérêt, dit-il, c'est donner. Puisque l'usage de mon argent est susceptible d'estimation, le prêter à quelqu'un gratuitement c'est lui donner 5 pour 100 tous les ans. Bien loin donc « qu'il soit illicite de recevoir des intérêts de mon capital, il le serait presque toujours de n'en point prendre. J'ai une famille à entretenir, et je ne puis le faire que par l'intérêt de mon capital. Je le confie à un marchand qui en tire 20 ou 30 pour 100 par an. Mes intérêts montent à 2 ou 300 écus. Je les lui laisse. C'est-à-dire que je donne annuellement à un marchand qui nage dans l'abondance, une somme sur laquelle est fondée la subsistance de moi et des miens. Cela est-il plausible ? Cela est-il même licite ? Voilà néanmoins où nous mènent ceux qui proscrivent tout intérêt. »

TURGOT (1) est un partisan déterminé du prêt à intérêt. Contre les théologiens qui invoquent le texte de Saint Luc (VI, 35) : Mutuum date nihil inde sperantes il déclare que c'est là un précepte de charité, et non de justice. Avec un sens très développé des véritables traditions chrétiennes, il reconnaît qu'on ne pourrait vendre des secours à un malheureux sans manquer « aux devoirs du christianisme et à ceux de l'huma-

---

(1) Mémoire sur les prêts d'argent, présenté au Conseil d'État en 1769, et publié à la suite des ouvrages de Bentham, Paris, 1828. — On complètera cette étude par la lecture du traité anonyme intitulé : Théorie de l'intérêt de l'argent, Paris, 1780, qui fut refondu à cette date par l'abbé Gouttes et Turgot.

nité. » Dans ce cas, » la charité ne prescrit pas seulement de *prêter sans intérêt,* elle *ordonne* de prêter et de donner s'il le faut (1). » Mais ce n'est pas là un précepte de justice.

Où Turgot se trompe, cependant, c'est lorsqu'il établit la même distinction à l'égard des textes de l'ancien testament. Ici la défense de l'usure entre Juifs n'est pas faite seulement dans un but de charité, mais dans un but purement politique, et par application des principes théocratiques à la nation juive. Par conséquent, il n'était même pas permis aux Juifs d'exercer l'usure à l'égard de leurs concitoyens aisés (XXVIII). L'origine de cette erreur est imputable aux scolastiques (2), qui « sont partis d'un raisonnement qu'on dit être dans Aristote. Sous prétexte que l'argent ne produit pas d'argent, ils en ont conclu qu'il n'était pas permis d'en retirer par la voie du prêt. » « Ils oubliaient que cet argent prétendu stérile est chez tous les peuples du monde l'équivalent, non pas seulement

(1) On doit prendre garde que les Pères exigent le versement de tout le superflu de nos richesses entre les mains des pauvres ; par où ils se séparent des économistes qui demandent à l'épargne, c'est-à-dire au superflu, le soin de constituer les capitaux nécessaires aux entreprises de toutes sortes. Le rôle des économistes consiste donc à pousser à la production des richesses, tandis que celui des Pères est de pousser à la charité.

(2) Les causes réelles de la prohibition de l'usure remontent à l'antiquité : ce sont, pour Turgot, l'absence de commerce, le taux excessif de l'usure, et enfin la dureté des lois romaines à l'égard des débiteurs (XXXIII).

de toutes les marchandises, de tous les effets mobiliers
stériles comme lui, mais encore des fonds de terre qui
produisent un revenu très réel. » L'idée de l'argent
considéré comme valeur, parce qu'il est une marchandise comme les autres marchandises (XXXVI), entraine
nécessairement l'idée d'usage de cette valeur et de rémunération légitime pour cet usage. Peu importe que
l'emprunteur soit pressé par le besoin. « C'est aussi
le besoin qui force un homme à prendre du pain chez
le boulanger : le boulanger en est-il moins en droit de
recevoir le prix du pain qu'il vend ? » (XXIV, XXV).

La théorie d'après laquelle on ne peut exiger le profit des choses *transférées* dans le prêt, sans exiger une
chose indue, paraît à Turgot aussi fausse qu'équivoque.
L'égalité des valeurs échangées entre le prêteur et
l'emprunteur, ne peut s'observer qu'en tenant compte
du proverbe : Un tiens vaux mieux que deux tu l'auras.
Une somme d'argent actuelle vaut mieux qu'une promesse. Or la compensation exigée par le prêteur, est
précisément l'intérêt de l'argent.

Du reste, l'emprunteur n'est pas vraiment le propriétaire de l'argent prêté. Pour en devenir propriétaire,
il devrait l'avoir payé auparavant, car tout échange
suppose deux objets équivalents (XXV, XXVI). « N'est-
il pas évident que pour fixer cet équivalent, de façon
que notre avantage soit égal de part et d'autre, nous
devons avoir égard à l'utilité dont me sera cette propriété que j'acquiers, et que je n'ai point encore, et à

l'utilité dont cette propriété pourrait être au prêteur
pendant le temps qu'il en sera privé. Le raisonnement
des jurisconsultes prouvera, si l'on veut, que je ne dois
pas payer l'usage d'une chose lorsque j'en ai déjà
acquis la propriété ; mais il ne prouve pas que je n'aie
pu, en me déterminant à acquérir cette propriété, en
fixer le prix d'après la considération de cet usage, attaché à la propriété (XXV, XXVI). »

En effet, « le propriétaire d'un effet quelconque peut
le garder, le donner, le vendre, le prêter gratuitement
ou le louer, soit pour un certain temps, soit pour un
temps indéfini... Ces principes sont avoués de tout le
monde, quand il s'agit de toute autre chose que de l'argent, et il est évident qu'ils ne sont pas moins applicables à l'argent qu'à toute autre chose. » Celui qui le
possède n'est pas plus tenu de s'en dépouiller gratuitement que d'une pièce d'étoffe ou d'un diamant (XXIII).
« La légitimité du prix qu'on retire soit de la vente, soit
du loyer d'une chose quelconque, n'est fondée que *sur
la propriété* qu'a de cette chose, celui qui la vend ou
qui la loue, et non sur un aucun autre principe
(XXV). »

Turgot a donc nettement déplacé le fondement de
l'intérêt. Il ne réside nullement à ses yeux sur la théorie du profit cessant, car le propriétaire d'un meuble
qui n'en fait aucun usage, ne saurait être réduit à l'al-
ternative de le donner ou de le garder; ni sur la théorie
du profit naissant (prêt de commerce), car l'usage que

fait l'acheteur de la chose vendue, n'est pas une circonstance essentielle à la légitimité du prix. « Si l'on veut du reste que la simple possibilité de l'usage lucratif de l'argent suffise pour en légitimer l'intérêt, cet intérêt sera légitime dans tous les cas : car il n'y en a aucun où le prêteur et l'emprunteur ne puissent toujours, s'ils le veulent, faire de leur argent quelque emploi lucratif... Ce n'est assurément pas la peine d'établir, en thèse générale, que le prêt à intérêt est défendu, pour établir en même temps un principe d'où résulte une exception aussi générale que la prétendue règle (XXII). »

Turgot conclut, après avoir montré la nécessité absolue du prêt à intérêt pour les besoins du commerce, que « si des motifs de prudence peuvent empêcher d'établir, quant à présent, par une loi, la liberté entière du prêt à intérêt, cette liberté n'en est pas moins le but » auquel il faut tendre et auquel il convient de préparer l'opinion publique (XL). Car il est nécessaire « d'abandonner la fixation de l'intérêt dans le commerce aux conventions des négociants et au cours des différentes causes qui le font varier, » et qui sont les *risques*, les *profits du commerce*, et enfin *l'abondance plus ou moins grande des capitaux* sur le marché (XX).

Faut-il donc affirmer que l'usure n'existe pas ? Turgot ne va pas jusque là. Il existe encore des usuriers. mais ce sont les prêteurs à la petite semaine, les fripons qui prêtent sur gages aux petits bourgeois et aux vétérans ; et enfin ceux qui prêtent aux libertins. Ces derniers seuls sont dangereux. En effet, dans les autres cas, l'usure est limitée à la valeur du gage ; et, sans gage, les pauvres ne peuvent plus emprunter. Les jeter en prison, c'est s'obliger à les nourrir. Enfin ce prêt sur gages est désiré par ceux qui en sont les victimes. Turgot conclut donc à l'absence de répression (XXXI).

Le véritable crime des usuriers qui prêtent aux enfants de famille, est d'encourager leurs désordres, de les mener à la ruine et au déshonneur. C'est par cette raison qu'il est nécessaire de les punir, mais non pas pour le crime d'usure (XXXII).

Turgot nous paraît excessif en cette matière. Un délit ne saurait être fondé sur la qualité des personnes. Au point de vue juridique, il est nécessaire de le caractériser en lui-même pour lui donner de la consistance et de la réalité. Ce serait s'exposer, dans le cas contraire, à un arbitraire absolu. Il faut donc admettre le délit d'usure; et, pour cela, limiter le taux de l'intérêt. Si cette mesure n'est pas suffisante pour assurer des prêts à tous ceux qui en ont besoin, et qui ne peuvent fournir des garanties suffisantes, elle a du moins cet avantage d'arrêter beaucoup d'entreprises frauduleuses par l'éventualité d'une répression.

BENTHAM (1). — Avec Bentham, le mot usure représente désormais l'intérêt supérieur au taux légal. Avant

______

(1) Lettres sur l'usure, Paris, 1828. — Ces lettres parurent en 1787.

lui, Bacon et Child avaient réclamé la réglementation du taux de l'usure au non des besoins de l'emprunteur et des exigences commerciales ; et la législation anglaise était entrée franchement dans leurs vues. Bentham va remonter le courant pour proclamer, avec les physiocrates français, le dogme absolu de la liberté des conventions. La monnaie étant considérée, désormais, comme une marchandise, Bentham se refuse à admettre la réglementation du taux de l'intérêt plutôt que celle des autres objets.

On objecte la nécessité de réprimer la prodigalité. Mais si la raison d'être des lois consiste dans leur utilité, il faut bien reconnaître que la loi qui fixe un maximum manque ici son but. En effet, tant qu'ils possèdent des sûretés suffisantes, les débiteurs trouvent des créanciers au taux normal ; et les créanciers ne manquent pas, puisque l'offre dépasse la demande en Angleterre. A défaut d'usuriers, le prodigue en sera quitte pour vendre ses droits. S'il n'a pas de sûretés, il ne pourra trouver d'argent à aucun taux. En fait, il aura recours à des amis qui lui prêteront de petites sommes sans intérêt, ou bien il achètera des marchandises à crédit ; ce qui, au lieu d'un intérêt de 6, 7 ou 8 pour 100, rapportera au marchand 30 ou 40 pour 100. Le législateur n'empêche donc pas la prodigalité, et il augmente la détresse.

On parle encore de mettre l'indigent à l'abri de l'extorsion. C'est ne pas tenir compte de la capacité de l'indigent, et surtout de ses besoins, qui lui font un intérêt d'emprunter à 6 pour 100. L'interdiction du législateur le place dans l'impossibilité d'obtenir de l'argent. Cependant, qui mieux que lui peut être bon juge de ce qui lui convient?

Un autre prétexte est qu'il faut protéger la simplicité contre la fraude. Mais pourquoi ne pas intervenir également dans la fixation du prix des marchandises? Ici le simple court beaucoup plus de risques que dans l'emprunt d'argent. Si j'achète 100 ce qui vaut 30, je n'aurai plus aucun recours contre le marchand quand il aura dépensé son argent ou quitté le pays, tandis que si je paie trop cher le loyer de mon argent, je puis toujours rembourser le capital et emprunter ailleurs.

Enfin Bentham attaque l'argument de Smith, qu'il est nécessaire de réfréner les hommes à projets. C'est là un préjugé. Avec les hommes à projets, la loi atteint également les arts utiles et le progrès qui résulte de l'effort des novateurs. Elle frappe sans distinction les projets téméraires et les projets fondés sur la prudence. Bref, c'est le maintien des routines industrielles.

Ces lois sont donc un obstacle au progrès : il faut les abroger. Du reste, les pertes causées par les hommes à projets, sont de beaucoup inférieures à celles causées par la prodigalité du luxe. Smith blâme cependant la prohibition du luxe. Néanmoins la prodigalité est plus nuisible, car, parmi les hommes à projets, il en est qui sont heureux dans leurs tentatives ; et ce sont ces tentatives qui constituent la richesse nationale.

Le législateur ignore donc sur ces matières l'intérêt de l'individu, plus que l'individu lui-même. C'est un aveugle qui conduit un voyant. Les industriels routiniers ont ainsi le monopole du marché d'argent aux dépens des innovateurs. L'industrie, il est vrai, est une carrière sans limites où les gouffres doivent être marqués par des victimes. Mais c'est à ces victimes que nous devons notre sécurité. « Les siècles passés, siècles d'ignorance et de barbarie, se présentent comme des enfants perdus jetés en éclaireurs, et sacrifiés à l'intérêt de l'avenir. » L'âge d'or est, non dans le passé, mais dans l'avenir. Les lois contre l'usure ne favorisent pas les bons projets, mais les mauvais. Il est faux d'affirmer que l'avantage qui résulte de la limitation du taux de l'intérêt, est de contraindre le prêteur à l'examen attentif des projets de l'emprunteur, et d'écarter les projets mal fondés. L'innovation, en possession d'un capital, n'a pas à divulguer ses idées à un prêteur qui n'en verrait que les risques. Ici, comme dans les batailles, il faut des sacrifices individuels pour le salut de tous. Il ne convient pas de jeter les gens dans le gouffre pieds et poings liés ; mais s'il se trouve un Curtius, il faut accepter son dévouement. Si une invention accroît démesurément les richesses, qu'importe la ruine de l'inventeur pour le public !

Smith parle de monopole pour les inventeurs. N'est-

ce pas encourager les hommes à projets par une autre
voie ? Et s'il est juste de défendre le monopole de l'expor-
tation dans l'industrie, pourquoi ne pas défendre celui
des usuriers et des hommes à projets ?

Bentham s'intitule donc le défenseur des usuriers.
Néanmoins il a tort de croire que la réglementation du
taux est due à des siècles d'ignorance et de barbarie, et
que les résultats du libre jeu des conventions sont
toujours les meilleurs. Même en adoptant sa théorie,
que les lois ne doivent avoir que la plus grande somme
d'utilité possible, c'est-à-dire de plaisir, la réglementation ne serait pas toujours mauvaise. Le progrès n'est
pas unilinéaire, il ne va pas d'un mouvement toujours
uniforme et continu. Si l'excès de l'offre ne l'emportait
pas sur l'excès de la demande, comme cela se produisit
à cette époque ; si une soif prodigieuse d'innovations,
due à l'excès de la richesse sur les besoins, n'avait pas
alors jeté son pays dans des voies nouvelles ; et si, au
lieu de cette prospérité jusqu'alors inconnue, l'Angleterre n'avait eu que des plaies à panser, Bentham, avec
sa méthode toute empirique, n'aurait pas manqué de
suivre les traces de Culpeper et de Child, et d'attribuer
au prêt un rôle plus utilitaire et plus immédiat que de
servir au luxe et aux conceptions incertaines des
hommes à projets.

Nous avons terminé avec Bentham l'étude des principales doctrines relatives au prêt à intérêt. On verra sans
peine que toutes les raisons produites pour ou contre

l'intérêt à l'époque actuelle, ont eu des représentants au moyen âge et sous l'ancien régime. Nous nous contenterons de renvoyer pour cette étude comparative à la thèse remarquable de M. Baugas (1892), et à celle de M. Coste (1897); la première conçue dans un esprit respectueux des formes traditionnelles, et la seconde écrite dans un esprit plus libéral.

CHAPITRE XI

LE DROIT CANON RÉCENT OU NON CODIFIÉ (1)

Martin V. — Calixte III. — Léon X. — Conciles provinciaux. —
Assemblée du clergé de France de 1700. — Benoît XIV. — L'usure
jusqu'à 1830.

Avec Clément V, la législation canonique avait épuisé
toutes ses rigueurs : il ne lui restait plus dorénavant,
pour sauvegarder son prestige sur les foules, qu'à entrer
dans la voie des légitimes accommodements. Les papes
le comprirent à merveille et s'y engagèrent avec une
entière bonne grâce. Ils avaient, du reste, pour procéder
ainsi, l'exemple des théologiens et des canonistes, qui
avaient découvert la théorie de l'intérêt, basée sur les
titres extrinsèques du dommage naissant, du lucre cessant, du péril et des délais. A leur tour, ils allaient
proclamer la légitimité des nouveaux contrats, inventés
pour échapper à l'interdiction absolue de l'usure.

Dans sa bulle Regimini, le pape Martin V (1417-

(1) En réalité le « *jus novissimum* », ne date que du Concile
de Trente. Si nous avons commencé ce chapitre avec les Extravagantes, c'est qu'elles inaugurent une ère nouvelle en matière
d'usure.

1431) (1) approuve le contrat de rentes annuelles avec la clause de rachat, et punit les contradicteurs de la censure ecclésiastique Leur suppression eût d'ailleurs entraîné la perte d'une foule innombrable de bénéfices ecclésiastiques, de collèges, canonicats, prébendes, dignités, offices, etc., constitués à l'aide de ces revenus.

Calixte III (1455-1458) revient sur cette bulle qu'il fortifie encore de son autorité.

L'effet immédiat de cette admission du contrat de rentes au rang des contrats licites, fut de rendre vaines toutes les prohibitions antérieures du prêt à usure. On se jeta sur cette issue avec un empressement fébrile que Bodin a fidèlement dépeint dans sa République. Au moment de la réforme, les protestants clamèrent partout que l'Église faisait faillite à ses engagements passés ; et il ne manqua pas non plus de catholiques pour déclarer que le prêt à usure condamné par l'Église, était une chose sans réalité. Aussi le pape Léon X se croit-il obligé, au concile de Latran de 1512 (session 10) (2), de résumer l'enseignement traditionnel à cet égard :

(1) *Extrav. com. lib. III, de empt. et vend. cap. I.* — Il faut se rappeler que ce pape présida le concile de Constance, où l'influence de Gerson fut prépondérante et fit écarter les mesures nouvelles proposées par les rigoristes contre l'usure : « *Deus aequissime* ! disait-il, *quis nesciat et simoniam et usuras extirpandas esse ? Sed primitus declarandum sub quibus casibus et qualibus intentionibus proprie dicta simonia vel usura committatur, ne damnetur justus cum iniquo... aut ne similiter detur usurae titulus justis et necessariis contractibus.* »

(2) La Luzerne, le Prêt de Commerce, Dijon 1823, t. III, p. 329.

Dominus noster, Luca evangelista attestante, aperto nos praecepto astringit, ne ex dato mutuo quidquam ultra sortem sperare debeamus : ea enim est propria usurarum interpretatio, quando videlicet ex usu rei quae non germinat, nullo labore, nullo sumptu, nullove periculo lucrum quaestusque conquiri studetur. »
On remarquera qu'il ne s'agit nullement ici d'une définition doctrinale, qu'on ne trouve nulle part du reste : autrement, cette définition de l'usure s'appliquerait encore au loyer des maisons, dont le locataire s'est engagé à payer l'assurance et à refaire les grosses réparations, dans le cas où elles deviendraient nécessaires. Quoi qu'il en soit, la création du contrat de rentes et l'usage qu'on allait en faire pour le crédit public, donnaient à cette définition je ne sais quoi de suranné qui sautait aux yeux de tous les contemporains. A défaut d'usure, en effet, il était toujours facile de stipuler des rentes qu'on pouvait aisément revendre le cas échéant. Cette possibilité s'accrut encore lorsque fut organisé le crédit public. Il se créa un marché accessible à tous les capitalistes. Celui qui prêtait put dès lors invoquer en toute occasion, ou le titre du dommage naissant, quand il déplaçait son argent pour le confier à l'emprunteur, ou celui de lucre cessant, par la facilité constante qui lui était offerte d'acheter des rentes sur l'État ou sur les particuliers. Dès lors, l'usure ne trouvait plus d'application que dans les taux excessifs, supérieurs à

l'intérêt légitime ou au taux légal des rentes. C'est l'acception qu'elle a conservée de nos jours.

Il se produisit néanmoins des retours partiels et des réactions contre l'usure, au sein des conciles provinciaux de cette époque troublée des guerres de religion. L'usure redevint écrasante. Le concile de Reims de 1583 (cap. 1 de foenore) (1) assimile l'usure à la simonie, et rappelle les antiques prohibitions canoniques. Il ordonne aux curés d'annoncer tous les dimanches au prône que les usuriers sont frappés d'excommunication. Le concile de Melun de 1579 compare les usuriers aux sangsues. Celui de Bourges de 1583 (cap. XXI) déclare que ce crime atroce a envahi toutes les classes de la société. Il s'en afflige, parce que ce crime a prévalu de telle sorte, qu'il n'apparaît plus pour personne comme un péché mortel, mais comme un commerce licite. Le concile sait bien que ses décisions courent risque de rester lettre morte ; néanmoins pour ôter à tous le prétexte de leur ignorance, il stigmatise les délits de cette nature commis dans la province, et les interdit dans la mesure de ses forces. Il dresse ensuite une longue liste. des contrats usuraires usités à cette époque, et il n'en excepte guère que ceux qui sont nommément permis par le droit canonique (2). Le concile de Toulouse de 1590

(1) Concil. Labb. t. XV, p. 911.
(2) Le concile de Mexico de 1585 (lib. 5, *de usuris* § 1) énumère encore quelques contrats palliés omis dans la liste du concile de Bourges (Labbé t. XV, 1411 et 1312).

(*Pars* IV, *cap*, XIV) punit des peines canoniques tous
ceux qui participent aux contrats d'usure, à quelque titre
que ce soit. Il traite les usuriers de « race damnée » (1).
Le concile de Narbonne de 1609 (*cap.* XVI) veut procéder par les peines temporelles du droit canon.
« Les usuriers, dit-il, ne sont plus sensibles aux peines
spirituelles ; ils déclarent que les curés aboient, lorsqu'ils les frappent de la peine d'excommunication, mais
qu'ils ne les mordent pas... » (Conc. Hard. XI, 51).

Lorsque les querelles de religion furent pacifiées,
l'usure donna prise à moins de réclamations. Mais, en
1700, l'Assemblée du Clergé de France (2) crut devoir
réagir contre les casuistes : elle condamna donc un certain nombre de leurs propositions, dont 6 sur l'usure.

1. Elle interdit le mohatra, que Pascal avait pris à
partie dans ses Provinciales, et qui est une vente fictive,
étrangère aux règles les plus élémentaires de la justice.
Ce contrat était facilement ruineux pour les pauvres,
les fils de famille, etc.

2. Elle censura cette proposition, que l'argent comptant vaut plus que l'argent à venir. Comme le prêt comporte nécessairement un délai, cette considération pure
et simple d'un délai aurait eu à ses yeux pour résultat
de justifier toute usure.

(1) Voyez encore le concile d'Avignon de 1594 (can. LIX)
(2) Propos. 54-59. Mémoires du clergé, t. I, p. 727 ; et collect.,
des procès-verbaux des Assemblées générales du clergé, t. VI
pp. 203 et 204.

3. Elle condamna, dans le même esprit, l'intérêt fondé sur la promesse du prêteur de ne point réclamer son argent avant un certain temps. Dans cette proposition comme dans la précédente, c'est toujours *la vente du temps* qu'elle prohibe (1).

4. L'Assemblée condamna encore ceux qui déclarent qu'il est aussi permis de retirer un revenu annuel d'une aliénation à temps, qu'un revenu perpétuel d'une aliénation perpétuelle (2).

5. Enfin l'Assemblée censura cette proposition, que l'intérêt, exigé au titre de bienveillance, n'est pas usuraire (3).

6. Et cette autre, que l'usure défendue aux Juifs, ne

(1) Dès 1666, Alexandre VII avait condamné la proposition suivante : *Licitum est mutuanti aliquid ultra sortem exigere, modo se obliget ad non repetendam sortem usque ad certum tempus.* » — En réalité, ce qu'on vend dans le prêt, ce n'est pas le temps, mais l'usage plus ou moins long de la somme prêtée. Le temps est la mesure de cet usage, comme il est celui de toutes choses. S'il fallait prendre ce terme de *délai* à la lettre pour condamner l'usure, autant vaudrait condamner les rentes sous prétexte qu'on parle de leur *cours*.

(2) Au point de vue logique, ce raisonnement est impeccable. C'est la conséquence nécessaire du principe sur lequel est fondée la légitimité du contrat de rentes. Ce que l'Assemblée condamne encore ici, c'est la considération du temps dans le prêt.

(3) C'est une conséquence exagérée de la théorie de saint Thomas et des casuistes, en vertu de laquelle l'intérêt reçu (mais non exigé) par le prêteur, au titre de bienveillance ou de gratitude, n'est pas usuraire. Innocent XI avait déjà condamné la proposition suivante en 1679 : « *Usura non est dum ultra sortem aliquid exigitur, tanquam ex benevolentia et gratitudine debitum ; sed solum si exigatur tanquam ex justitia debitum.* »

l'est pas aux chrétiens, parce que Jésus aurait aboli les préceptes politiques et judiciaires des juifs.

Encyclique de Benoît XIV de 1745. — Cette encylique, qui règle encore de nos jours la matière de l'usure au point de vue théologique, fut inspirée par une discussion sur la légitimité d'un contrat que le pape ne nomme point ; mais qui, au témoignage du dominicain Concina, est le contrat de rentes rachetables au gré des deux parties. La discussion était née en Hollande pour passer en Italie. Benoît XIV en profita pour fixer les principes sur l'usure (1).

Il les ramène à 5 : *1°* « Le péché d'usure qui a son siège propre et unique dans le contrat de prêt, consiste en ce que celui qui prête, veut *qu'en vertu seulement du prêt..., par la seule force du prêt...*, on lui rende plus qu'il n'a prêté. Tout profit de cette nature est illicite et usuraire. » *2°* La modération du lucre n'est pas une excuse, pas plus que la fortune de l'emprunteur, ou l'emploi réservé au prêt, si celui qui l'exige, l'exige *par la seule force du prêt*; parce que la nature même de ce contrat s'y oppose. Dans ce cas la restitution s'impose. *3°* Mais il y a des titres différents du prêt qui peuvent « concourir avec lui et donner un droit bien légitime de recevoir quelque chose au delà de la valeur de la somme prêtée ». On ne nie pas non plus qu'il n'y ait

____

(1) Voyez le texte et la traduc. dans le Traité (anonyme) de l'Usure et des Intérêts, publié à Paris en 1769.

d'autres contrats différents du prêt qui permettent de retirer un profit juste et licite. *4°* Si l'égalité n'est pas observée dans ces contrats, « ce qu'un des contractants reçoit de trop, produit non pas l'usure.... mais une autre injustice qui oblige également à restitution. » Ces contrats, réglés selon une exacte justice, « fournissent une multitude de moyens licites de favoriser le commerce et d'exercer pour le bien public d'utiles négociations. *5°* Mais il est faux de soutenir qu'il existe toujours « de justes raisons de recevoir quelque accroissement modéré au delà du capital. » Il y a des cas où le prêt pur et simple s'impose, suivant cette parole de J. C. : *Volenti mutuari a te ne avertaris* (Matth, V, 52). Aussi, pour assurer sa conscience, il faut examiner avec soin s'il existe « un titre légitime, ou un contrat licite, différent du prêt, qui puisse justifier entièrement l'intérêt qu'on cherche à se procurer. »

Le pape cependant ne veut pas trancher le différend qui divise les canonistes et les casuistes au sujet des contrats particuliers. Mais il importe d'écarter la cupidité, les solutions extrêmes, l'imprécision des termes dans les contrats, d'où naissent les surprises, et enfin l'opinion de ceux qui ne se soucient guère des contrats, et déclarent « que l'argent, de quelque manière qu'on le confie à un autre, lui procure bien toujours quelque avantage. »

Dans son traité du Synode diocésain (liv. X, chap. IV) composé avant son élection à la papauté, Benoît XIV

faisait déjà consister l'usure dans un bénéfice reçu précisément en vertu du prêt. Il attribuait en outre à Calvin
et à Dumoulin, l'opinion d'après laquelle la seule espèce
d'usure défendue, est l'usure faite aux pauvres. Et cette
opinion lui paraissait contraire à celle des Pères et des
Conciles. En ce qui concerne le prêt de commerce (triple
contrat) (1), reçu par Navarre, Gibalin, Leotardus et
Lugo, il déclare que l'évêque ne doit point prononcer
une condamnation de principe, mais seulement l'interdire au besoin comme dangereux.

Or, si l'on se souvient de la théorie d'après laquelle
Dumoulin soutient que l'usure n'est perçue en réalité
qu'à raison des titres prétendus extrinsèques des théologiens, et que le prêt gratuit s'impose à l'égard des
pauvres, même si ces titres existent au profit du prêteur;
si l'on se rappelle que telle était aussi l'opinion de

____

(1) Sur la composition du triple contrat, on distingue deux
opinions. Selon les uns, il comporte : un contrat de société, un
contrat d'assurance du capital et un contrat d'assurance d'une
partie certaine du profit ; les deux contrats d'assurance étant
payés sur la partie incertaine du profit. – Selon les autres, il
comprend : un contrat de société, un contrat d'assurance du
capital, et un contrat de vente du profit incertain pour un profit
moindre, mais certain. — Voici une formule de ce contrat universellement reçu à la fin du xvie siècle : « Je soussigné, reconnais-
avoir reçu de... la somme de... pour employer dans mon commerce; et, au lieu d'un profit plus grand, mais incertain, qui
ponrrait lui en revenir, je promets lui compter 6 1|4 p. 100 chaque
année, et je lui garantis ladite somme » Lessius, *De justitia et
jure*. L. 2, c. 5, dub. 3 En faveur de ce contrat, V. notam.
P. Gibalin, *De usu fori Lugdunensis* ; et, contre lui, Gaitte, *De
usura et fœnore, in fine.*

Calvin ; et si l'on songe par ailleurs que, dans l'esprit de
Benoît XIV, le prêteur peut toujours, lorsqu'il ne s'agit
pas d'un prêt de charité obligatoire, imposer à l'emprunteur un prêt de commerce intéressé, on verra sans
peine, que sous la différence des termes, c'est la même
pensée qui anime Calvin, Dumoulin et Benoît XIV.
Nous apercevons ici la fusion si légitime et si normale
de ces deux grands courants chrétiens du catholicisme
et du protestantisme. Et cette fusion sera complète
lorsque la cour romaine aura ajouté à sa liste des titres
extrinsèques d'excuse, celui de la loi (*titulus legis*), au
nom duquel Mélanchton, après saint Jean-Baptiste, justifiait ce même contrat d'usure.

Remarquons cependant que ce titre est repoussé par
Benoît XIV dans son traité du Synode diocésain (liv. X,
ch. IV, n. 3), comme il l'avait été auparavant par Grégoire XIII dans sa réponse au duc de Bavière.

En 1793, le pape Pie VI, dans une lettre à l'archevêque de Québec, lui déclarait sans ambages que la
loi humaine ne saurait couvrir les catholiques contre
la défense de prêter à usure.

Mais les inconvénients d'une règle aussi absolue
étaient trop palpables pour ne point amener de nouveaux tempéraments. Au début de ce siècle, la cour
romaine entrait dans la voie des concessions. Elle
ordonnait aux confesseurs d'absoudre les pénitents qui
exigent l'usure sans autre titre que celui de la loi, et
défendait d'inquiéter les prêtres qui soutiennent que

la loi est un titre suffisant pour percevoir quelque chose
au delà du sort (1830) (1). Désormais, aux yeux des théologiens les plus autorisés, le confesseur qui imposerait
la restitution du gain perçu à ce titre, serait tenu de
réparer du sien le tort qu'il aurait ainsi causé à son
pénitent. (Sur l'état actuel de la question, voy. la théologie dogmatique et morale des Sulpiciens de Clermont :
T. VI, *tract. de contract. art.* VI *de usura* n. 198
à 222) (2).

(1) Ces formules négatives s'expliquent sans peine. Déclarer
que la loi est un titre suffisant pour percevoir l'usure, c'est désa-
vouer une grande partie de la tradition, c'est contredire d'une
façon positive l'enseignement des papes eux-mêmes. Il était bien
plus simple de dire le : *Non sunt inquietandi.* — En outre,
proclamer que la loi civile est un titre suffisant pour percevoir
l'usure, aurait pu s'entendre d'une manière équivoque. Pour la
plupart, et surtout pour les esprits hostiles, cela aurait signifié
que la loi civile peut suspendre à son gré l'effet des lois divine
et naturelle. Prévenir cette objection, par la déclaration préalable
que l'usure n'est pas contraire au droit divin et au droit naturel,
c'était retomber dans le premier écueil.

(2) On trouvera une bibliographie assez complète des ouvrages
qui concernent l'usure, dans le Traité de Marin-Darbel sur l'Usure
et sa Définition, Paris, 1844. — Sur la procédure en matière
ecclésiastique et la compétence respective des deux fors, V. *Jos.
Mascardi Conclusiones omnium probationum*, Lyon, 1608, T. I
et II, n^is 424-447 et 1425 et seq.; et Van Espen, *Opera omnia*,
t. III, *Juris eccles. pars* III, *tit.* IV, *cap.* V, §§ 36, 37, 38; et t. V,
p. 330, Bruxelles, 1769.

CHAPITRE XII

INFLUENCE DES DOCTRINES RELIGIEUSES ET DU DROIT CANON SUR LA LÉGISLATION CIVILE DE L'USURE

La législation sous les rois de la troisième race (Philippe-Auguste, Saint-Louis, Philippe le Bel. — Établissement du monopole de la banque sous Charles V. — François Ier et les rentes. — Ordonnance de Blois. — La théorie des intérêts dans les pays de droit écrit et de droit coutumier.

Nous avons indiqué au chapitre II l'influence prépondérante des Capitulaires sur le développement de la législation canonique en matière d'usure. Si les conciles interdirent l'usure aux laïcs, c'est sous l'influence directe de Charlemagne et de Lothaire. D'abord partiel et hésitant au début du ixe siècle, le mouvement se généralisa vers le milieu du xiie, sous l'effort combiné des deux fondateurs du droit canon et de. la théologie, Gratien et P. Lombard. Avec eux, l'usure devint une variété du vol.

Il est juste pourtant de reconnaître que l'usure du moyen-âge, qui atteignait des taux fabuleux dans les prêts en nature, et même dans les prêts d'argent, ne pouvait guère se défendre. D'ailleurs les usuriers de cette époque se proposaient ouvertement l'exploitation et la spoliation du peuple : ils violaient donc le Xe précepte du décalogue : Tu ne désireras point le bien de ton prochain.

Mais était-ce là un vice inhérent à l'usure, plutôt qu'un signe de l'avidité insatiable des usuriers du temps ? Si la restitution s'imposait pour tous ces misérables exploiteurs de la souffrance humaine, s'imposait-elle du moins au nom de l'usure elle-même, considérée comme une violation absolue et permanente de la justice commutative ?

Nous ne le pensons pas. La justice commutative ne nous paraît pas être autre chose qu'une justice moyenne et toute de convention, aux limites essentiellement flottantes et indécises. Ce n'est pas une égalité numérique absolue, impossible à obtenir dans les contrats : elle est fondée au contraire sur des moyennes d'échanges plus ou moins limitées dans l'espace et le temps. La loi qui fixe le taux de certains échanges, se contente de poser en règle une de ces moyennes, dont la quotité devient pour les acheteurs une garantie contre la mauvaise foi de certains vendeurs. Mais aucun taux ne saurait demeurer invariable ; et la loi, dont le rôle n'est ici qu'un rôle purement régulateur, doit varier avec ces moyennes et subir toutes leurs fluctuations.

En matière d'usure comme en toute autre, ce point de vue aurait fini par avoir raison de toutes les résistances au moyen âge, sans la découverte que fit le pape

Urbain III de l'usure mentale. Les théologiens qui voulurent en rendre raison, embrouillèrent tout et nous firent de l'usure un crime contre le droit divin et contre le droit naturel. Ils appuyaient, au reste, leurs théories sur un régime mort (théocratie de Moïse), et sur une philosophie d'allures essentiellement aristocratiques (Aristote). Ils aboutirent à des équivoques dangereuses. Tandis qu'ils proclamaient la gratuité absolue du prêt au nom de la justice divine (charité ou doctrine de la perfection), ils faisaient encore de l'usure une violation de la justice commutative ; et n'y arrivaient que par le faux concept d'une justice commutative, constituée par une égalité numérique étrangère à l'espace et au temps. C'était élever du même coup leur soi-disant justice des contrats au-dessus de terre, et la confondre avec la justice divine (1).

Cependant cette conception serait demeurée ensevelie

(1) Voici en résumé le mouvement de la pensée au moyen âge. Le prêt réduit à sa plus simple expression n'est, en somme, qu'un *échange à distance de temps*. Sous Charlemagne (v. chap. II) on s'imagine que la justice dans les échanges est basée sur la considération pure et simple de deux mesures d'égale grandeur, de deux chiffres arithmétiques semblables. Je vous prête 100 et vous me rendez 100 : tel est le *justum fœnus* ; je vous vends 100 ce qui me coûte 100 : tel est le juste prix.

De cette vue grossière et toute matérielle, de cette égalité physique qui ne tient compte que du contenu des échanges, les docteurs scolastiques (V. ch. IV, Albert le Grand et saint Thomas) passèrent, sous l'influence de leurs théories philosophiques, à l'égalité abstraite de deux notions semblables, d'où l'idée de temps se trouvait nécessairement bannie. Ceux qui, s'appuyant sur l'idée de temps, niaient au contraire l'égalité de ces deux dans les cloîtres, si les influences du début n'avaient pas changé de pôles, et si le droit canon, au lieu de se laisser inspirer par le droit civil selon les besoins variables de la civilisation et le commerce, n'avait pas dominé tout à la fois le droit civil, la législation et le commerce. Ce curieux phénomène se produisit au début du XIIIᵉ siècle, sous les rois de la 3ᵉ race. Partout les défenses canoniques s'incorporèrent aux coutumes, qui prononcèrent contre les usuriers des peines sévères : le bannissement, la confiscation des biens et l'amende. C'était au seigneur à relever les délits dans toute l'étendue de son fief. Grâce à la confiscation qui en était la suite nécessaire, les recherches étaient poussées avec activité et aboutissaient à de fréquentes condamnations. C'était du reste un moyen tout simple pour le seigneur d'accabler ses vassaux de vexations et de s'emparer de leurs biens. Aussi les rois durent-ils souvent intervenir pour réprimer les excès de cette nature. Ils accordèrent des chartes

termes idéalement semblables, étaient accusés de *vendre le temps.*

Deux termes égaux en présence, telle est la *matière première* du prêt des scolastiques. Dans la réalité, et pour l'adapter aux divers besoins de l'homme, il fallut bien la vêtir. On lui donna donc les titres extrinsèques de gain cessant, de lucre cessant, de retard et de risques, qui modifièrent ce contrat sans en vicier l'essence. Grâce à ces titres extrinsèques, il fut permis de stipuler quelque chose au delà du sort.

Il faut bien reconnaître que le législateur n'avait point songé, pour fixer la nature du prêt, à ces *abstractions réalisées*. Dans la fixation du taux de l'usure, il ne s'était proposé qu'un dédommagement pour le prêteur, et une garantie pour l'emprunteur L'usure, telle que l'entendaient les docteurs, n'avait donc que peu ou point de rapports avec l'usure du droit civil.

à certaines villes (1). C'est ainsi qu'en 1220, Philippe-Auguste exempta les bourgeois de Caen de poursuites pour faits d'usure (2).

Ce fut néanmoins ce prince qui entreprit le premier de proscrire les Juifs; bien que la législation canonique ne leur fût point applicable (3), et qu'on pût souvent constater qu'ils n'exigeaient pas des usures plus élevées que les chrétiens.

Louis VIII défendit de nouveau d'exercer leur trafic d'argent aux Juifs et aux Lombards, que Philippe-Auguste avait rappelés dans les dernières années de son règne.

Saint Louis renouvela les prohibitions de ses prédécesseurs. On lui représenta vainement que « le peuple ne saurait vivre sans prêteurs. » Le saint roi fit défense à tous d'exercer l'usure, et enjoignit aux Juifs de « tra-

---

(1) *Glanvilla, lib. X, cap. XVIII; Jura et consuetudines Normaniæ, cap. XX.*

(2) *Charta Philippi regis Francorum, Anno 1220, Registrum normanicum,* fo 26. Sous l'ancien régime, on trouve beaucoup d'exemples de ces immunités. V. sous Jean le Bon, pour les bourgeois de Rouen et les marchands du Vermandois (Pastoret, Ordon. des Rois, liv. 2, 15 avril 1330. — Les emprunts du roi étaient également privilégiés. Voy. encore sous Louis XIV, Chéruel, Hist. de l'administrat. monarch. de la France. Pour payer Dunkerque, le roi empruntait, au denier 18, la somme de 5 millions de livres (1662).

(3) On estimait même que cela était très avantageux, depuis que l'excommunication frappait les usuriers chrétiens. V. Pertz, *Monumenta Germaniae historica, Conventus Moguntinus alter* (1255). Hanovre 1896.

vailler de leurs mains » (1). Cependant les Juifs avaient, depuis longtemps déjà, désappris ce travail des mains. Partout, en France comme en Allemagne, d'où cependant ils n'avaient jamais été bannis, on les voyait exercer le commerce de l'argent à des taux vraiment rémunérateurs (2). Aussi en 1268, le roi, las de leurs résistances, expulsa-t-il tous les usuriers étrangers. Mais au lieu de confisquer leurs biens, et de décharger les débiteurs des trois quarts de leurs dettes, comme son aïeul Philippe-Auguste, il leur permit d'emporter leurs biens et de se faire rembourser le capital de leurs créances (3).

Cette ordonnance ne reçut pourtant qu'une exécution partielle. Aussi Philippe III la reprit-il en 1274. Les juges devaient expulser tous les usuriers étrangers dans les deux mois. Cet intervalle était laissé aux débiteurs pour retirer leurs gages sans payer l'usure (4).

Ce fut Philippe-le-Bel qui les rappela, afin de se pro-

(1) Laurière, Ordon. des Rois, t. I (1234).

(2) Dès 1244, la *Pax Bawarica* limitait le taux de leurs prêts à 2 deniers pour livre et par semaine, sous peine de payer une livre d'amende. Elle reprit cette prescription en 1256 ; art. 59 : *Und swelh Iude mer ze der wochen gesuches nimt danne zwen pfennig von einem pfunt, der sol dem rihter ein pfunt geben* (Pertz, Mon. Germ. hist. p 601). — En outre, pour empêcher les Juifs de frauder sur la qualité des espèces, le convent de Mayence de 1255, ordonnait que les seules monnaies employées dans le prêt, seraient les marcs et les deniers de Cologne, de Halle et de Strasbourg. La peine infligée aux infracteurs était de 10 marcs de Cologne (Pertz p. 583).

(3) Laurière, t. I, p. 96.

(4) Laurière, t. I, p. 298.

curer l'argent nécessaire pour soutenir ses démêlés avec
l'Angleterre, la Flandre et le pape. Mais il les chassait
en 1312, pour confisquer leurs immeubles et faire faillite
à ses engagements. Il déchargeait en même temps ses
sujets de toutes les dettes qu'ils avaient contractées
avec eux (1).

Ce procédé de remboursement plus que sommaire
devait se renouveler bien des fois à l'avenir. Nos rois
usèrent largement de ce moyen coupable de prélever
des impôts indirects sur leurs malheureux sujets. Ils les
laissaient piller par les Lombards et surtout par les
Juifs, pour presser ensuite ces derniers comme autant
d'éponges. Louis X, Philippe VI et Jean le Bon suivirent ces détestables pratiques (2).

Un autre fait, beaucoup plus considérable au point
de vue doctrinal, se produisit sous le règne de Philippe
le Bel. Comme tous ces prédécesseurs, ce roi continua
bien à interdire l'usure, mais il ne punit de peines
corporelles et de confiscation que les usures exagérées

---

(1) Laurière, t. I, p. 584. — Il n'y avait pas que les rois qui
savaient ainsi se débarrasser de leurs créances. En 1196 ou 1197,
l'abbaye Saint-Bénigne de Dijon doit à un juif une somme de
1700 livres, prêtée à raison de 3 deniers par livre et par semaine
(environ 6¹ pour 100). Pour se libérer, l'abbaye vendit la ferme de
Moreins à la comtesse de Champagne qui prit la dette à sa
charge. Or, les barons du moyen âge avaient, pour obtenir quit-
tance sans bourse délier, des moyens aujourd'hui hors d'usage,
que les abbayes ne pouvaient pas employer, mais dont elles sa-
vnient fort bien profiter. Gallia christiana, tom. IV, 685 A et
804 A.

(2) Laurière, t. I, p. 584 ; t. II, 59 et 523.

(au-dessus de 20 pour 100). Au-dessous, le débiteur pouvait sans doute refuser de les payer, et les répéter même en cas de paiement, mais aucune action pénale n'était exercée par le roi. La punition était laissée à l'arbitrage des juges. De plus, le roi distinguait entre l'usure ordinaire et l'usure foraine, qu'il classa dans la catégorie des intérêts. Les négociants qui se rendaient aux foires de Champagne, pouvaient prêter au taux de 1 denier par semaine pour livre, de 4 deniers par mois, et de 4 sols par an. Au-dessus de ce taux, l'usure foraine restait interdite (1).

C'était là, à n'en pas douter, un échec voulu aux canons ecclésiastiques. Car les ordonnances ne tenaient aucun compte de la décrétale Naviganti *(Decret. lib.* V, *tit.* XIX, *cap.* XIX). Elles arrêtèrent net l'évolution du droit canon dans le sens des sévérités excessives (2).

Le règne de Charles V nous présente une autre innovation, qui semble directement inspirée des idées de Guillaume Durand, mais avec des modifications que ce théologien n'aurait pas manqué de repousser. Ce roi organisa en France le monopole de la banque à l'aide

(1) Laurière (1311 et 1312), t. I, p. 496. En 1349, Philippe VI de Valois ramena ce taux à 15 pour 100. Les ordonnances ultérieures ne fixèrent aucun taux, de sorte qu'à la fin de l'ancien régime, le prêt commercial était libre dans les foires de Lyon, qui avaient remplacé celles de Champagne.

(2) En 1332, Philippe VI suspendit même quelque temps l'effet des canons ecclésiastiques (Laurière, t. 2, 96). Il permit l'usure au taux de 20 pour 100, et s'engagea à faire respecter son ordonnance par les prélats.

des Juifs (1) et des Lombards. Comme les villes ne pouvaient, en dépit des sévérites canoniques, se passer d'usuriers manifestes, le roi leur en accorda ; et il leur en accorda, comme le gouvernement, sollicité de nos jours par des villes commerçantes, leur concéderait la création de succursales d'un établissement de crédit dont il se serait réservé d'ailleurs le monopole (2).

Mais au lieu d'attacher un traitement à leur fonction, pour leur permettre le prêt gratuit, et les mettre ainsi à couvert des rigueurs ecclésiastiques, il laissa ce souci à Durand de Saint-Pourçain. S'avisant même du parti merveilleux qu'on pouvait tirer de ce monopole, il fixa le droit de séjour des banquiers à des sommes énormes pour l'époque. Les Juifs du Languedoc durent ainsi payer 1500 livres par tête et par an (3).

Enfin, dans des lettres patentes du 2 juin 1380 (Laurière, t. VI), nous trouvons une clause par laquelle le roi garantit les étrangers contre les rigueurs de la cour romaine. L'article 25 porte, en effet, que si le pape exige

(1) En Allemagne, ce monopole était constitué en fait depuis 1244 au profit des Juifs, par la *lex Bavcarica* (Pertz, 578).

(2) Pour Abbeville, V. Laurière, t. VI, p. 335. Pour Amiens, *ibid*, etc. Les successeurs de Charles V accordèrent aussi des Lombards aux villes qui en réclamaient, pour des périodes variables. Le renouvellement du privilège avait lieu par nouvelles lettres-patentes. Pour Harfleur, 1398 ; pour Laon, 1406, avec renouvellement du privilège en 1429 et en 1461, V. Laurière, t. IX, p. 124 ; t. XV, p. 243 et 249, etc.

(3). 1378. Ordon. portant règlement du domaine du roi (Laurière, t. VI). Les Juifs devaient aussi se munir de lettres *debitis* pour recouvrer leurs créances.

leur sortie du royaume, on leur accordera le temps nécessaire pour se retirer et emporter leurs biens. (*Sexti
décret. lib. V, tit. V. cap. 1*).

Le taux invariable de toutes les ordonnances de
Charles V, est de 2 deniers par livre et par semaine (1).

En dépit de cette clause de garantie contre la cour
romaine, il ne paraît guère cependant que les usuriers
manifestes aient été sérieusement inquiétés par les
pontifes romains dont ils étaient les receveurs à travers le monde. Durant tout le moyen âge, Rome passa
pour être le paradis des Juifs. Quant aux Lombards, il
leur suffisait de rentrer chez eux pour s'affranchir de
la tare dont ils étaient marqués au delà des monts, et
pour retrouver honneurs, crédit, puissance. Toutes les
grandes villes d'Italie, en effet, pratiquaient le commerce et la banque ; et dans Florence, en particulier,
les plus grandes familles de la République, celles qui
tenaient le pouvoir entre leurs mains, devaient leur
fortune au négoce et à la banque.

Quoi qu'il en soit, pour garantir ce système de monopole contre les usuriers clandestins, et contre ceux

---

(1) C'était déjà le taux que Philippe-Auguste avait assigné aux
usures juives en 1206 et en 1218 (Laurière I, p 36, XI, p. 291. —
C'était aussi le taux accordé aux Juifs en Allemagne (*Pax Bawarica*, 1244 ; *Conventus Moguntinus alter*, 1255, Pertz, p. 578 et
583). — A 29 sols par livre, c'est le taux de 40 pour 100. Mais
Charles V réduisit la livre à 16 sols parisis, ce qui ferait 50 pour
100, à 12 deniers par sol. Nous avons trouvé en plusieurs endroits
le taux de 43,50 pour 100, mais sans aucune justification.

qui dépassaient le taux de l'usure, Charles V créa des Réformateurs, ou inspecteurs chargés de rechercher et de dénoncer à la Chambre des comptes toutes les infractions commises en cette matière. Leur zèle fut tel, il amena de si criants abus, que Louis XI dut les révoquer en 1643 (Laurière, t. XV, p. 652). Ce même roi étendit aux foires de Lyon les privilèges jusqu'alors réservés aux foires de Champagne et de Brie.

La défense de l'usure avait emprunté à l'établissement du monopole un nouveau caractère de gravité. Partout les usuriers furent poursuivis avec la dernière rigueur. En 1510, Louis XII menace de destitution et d'amende arbitraire les magistrats qui ne poursuivraient pas assez activement les usuriers, et les notaires qui recevraient les contrats usuraires. Le 1/3 des amendes est attribué aux dénonciateurs (1). En mars 1567, Charles IX prononce la confiscation des biens de l'usurier et le coudamne, en cas de récidive, au bannissement perpétuel (2).

Henri III ajoute encore l'emprisonnement à la peine des récidivistes. Il relève de leur serment ceux qui ont juré de ne point dénoncer le prêteur. Enfin, il ordonne aux curés de tenir registre des usuriers de leur paroisse, et de le faire parvenir chaque mois aux magistrats (3). Ces sévérités s'expliquent aisément si l'on songe que les

(1) Pardessus, t. XXI, Ordon. de Lyon.
(2) Ordon. de Fontainebleau, mars 1567.
(3) Ord. de Blois du 12 mars 1599.

querelles religieuses et les guerres civiles de l'époque
avaient ramené l'usure à des taux exorbitants. Tous les
conciles du temps avaient recommencé leurs doléances
à cet égard. Il n'est donc pas surprenant que le roi ait
songé à investir les curés du rôle de dénonciateurs en
matière d'usure.

Cette ordonnance demeura en vigueur jusqu'à la fin
de l'ancien régime.

Au surplus, voici les conclusions d'un arrêt du Parlement de Paris, rendu au mois de janvier 1787 : « La
Cour fait expressément inhibition et défense à toutes
personnes, de quelque état et condition qu'elles soient,
d'exercer aucune espèce d'usure prohibée par les saints
canons reçus et autorisés dans le royaume, en quelque
manière que puisse être ou soit, ou même sous appa-
rences fausses et controuvées de faits de commerce,
directement ou indirectement, par elles-mêmes ou par
personnes interposées. Fait pareillement défense à
toutes personnes de servir de proxenètes, médiateurs
ou entremetteurs de tels prêts et négociations illicites
et prohibées, sous peine de mulctes, amendes pécu-
niaires, bannissement, confiscation de corps et de
biens, amendes honorables et autres peines corporelles,
selon l'exigence du cas et la gravité du délit. »

Comment étaient appliquées ces peines à la veille de
la Révolution ? Selon la distinction établie par les ordonnances de Philippe le Bel de 1311 et de 1312. Pour les
usures légères, on prononce une amende, ou une admo-

nition, ou une aumône, ou le blâme. Pour les usures excessives, on prononce l'amende honorable *in figuris*, le bannissement à temps avec une grosse amende ; et, en cas de récidive, les juges (art. 202 de l'ord. de Blois) prononcent la confiscation de corps et de biens.

La preuve est établie par la publique renommée, jointe au témoignage de dix personnes qui déposent sur dix prêts usuraires, même de ceux qui leur ont été faits, pourvu qu'elles n'exercent aucune répétition.

L'usurier prescrit par 20 ans les peines prononcées contre lui par les lois ; mais il ne peut prescrire par aucun laps de temps les répétitions accordées à ceux qu'il a lésés (1).

Nous avons déjà remarqué que la législation des ordonnances procédait comme le droit canonique en matière d'immunités et d'exceptions. Les exceptions étaient devenues très nombreuses à la fin de l'ancien régime et constituaient comme en droit canonique la théorie des intérêts. Il y en avait de deux sortes : les intérêts de droit, et les intérêts conventionnels.

Les intérêts de droit étaient les mêmes dans les pays de droit écrit et de droit coutumier. Ils étaient dus, sur une mise en demeure du créancier, par sommation, interpellation ou demande judiciaire :

1) Pour dot, remplois, reprises et plusieurs autres

_____

(1) Arrêt du Parlement du 22 juillet 1713, *Journal des Audiences*, t. V.

conventions matrimoniales. 2) A l'occasion de successions échues et de tous autres droits qui en tiennent lieu. 3) Pour les biens d'un mineur en tutelle, ou d'un interdit en curatelle pour cause de démence. 4) Pour le prix de la vente d'un héritage, d'une rente foncière, d'un office et de tout bien immeuble ou réputé tel. 5) Pour tenir lieu de dommages et intérêts.

Les intérêts conventionnels étaient tous interdits, bien que le droit canonique les admît au for interne, pour les cas de dommage naissant et de lucre cessant, même lorsqu'ils étaient arrêtés à l'avance. Telle était la solution admise dans tous les pays de droit coutumier.

La jurisprudence est variable, au contraire, dans les pays de droit écrit. Les Parlements de Toulouse et de Bordeaux rejettent la stipulation d'intérêts, mais sans en permettre la répétion.

Dans le ressort du Parlement de Provence, les intérêts ne peuvent courir qu'à partir d'une demande judiciaire. Sinon on les regarde comme usuraires.

Dans les ressorts des Parlements de Grenoble et de Pau, dans la province d'Alsace, ainsi que dans le pays de Bresse, Bugey, Gex, et Valromey, il est permis de stipuler les intérêts dans les obligations ; et ils sont dus, à compter du jour de la stipulation. sans aucune sommation, demande ou condamnation.

Dans le Dauphiné, les intérêts sont dus à partir du jour de la mise en demeure de payer l'obligation, lorsqu'il y a promesse de paiement à jour fixe et déterminé *à peine de tous les dépens et dommages et intérêts.* Cela dispense de toute interpellation juridique.

La même stipulation d'intérêts est autorisée par des ordonnances spéciales dans le ressort du Parlement de Paris, pour les commerçants de la ville de Lyon, pourvu qu'il s'agisse d'obligations entre négociants, marchands et trafiquants, et que ces obligations soient payables à l'occasion des foires qui se tiennent dans cette ville quatre fois par an. En dehors de ces cas, les intérêts conventionnels sont aussi défendus aux simples particuliers que dans les pays coutumiers, que dans le Lyonnais, le Forez, le Baujollais et les parties de l'Auvergne régies par le droit écrit (1).

Ce qu'il y a de saillant dans cette complexité de législations, c'est l'interdiction des intérêts concernant le dommage naissant et le lucre cessant. On ne pouvait d'ailleurs les tolérer sans ruiner par là même le monopole de la banque établi sous Charles V. Il n'y faut donc pas voir une crainte excessive de l'usure palliée. « En effet, les rois, dit d'Argentré, n'y regardent pas de si près entre eux. Le roi de France doit-il quelque chose au roi d'Espagne, le Français à l'Allemand ou au Vénitien, il le lui paie avec d'énormes et truculentes usures, sans

____

(1) Voy. Denisart, art. intérêts ; le Camus d'Houlouse, Traité des Intérêts et de l'Usure, 1769. On trouvera également dans ce traité la liste des contrats palliés et des faits usuraires qui ne relèvent de cette étude que d'une façon trop accessoire pour mériter un examen spécial.

même les farder du nom de rentes. Tel est l'ascendant des lois sur les puissants (1). »

Ces rentes qui, d'ailleurs, amenèrent toute sorte d'excès (2) dans les premiers temps de leur création, remplacèrent très utilement l'usure ancienne. C'est François Ier qui les inaugura en France pour les emprunts royaux. Le 10 octobre 1522 (édit de Saint-Germain-en-Laye), il empruntait aux bourgeois de Paris la somme de 100,000 écus d'or, au taux de 8,33 pour 100 (12 livres une livre). Et tous ses successeurs le suivirent dans cette voie.

Le taux des rentes cependant alla toujours en décroissant : il n'était plus sous d'Argentré que de 6,25 p. 100 (16 livres une livre). Le principal avantage de cette institution, dont Bodin et d'Argentré se sont faits les détracteurs, fut donc de ramener le taux de l'argent à des conditions plus équitables, Si l'on songe qu'il s'élevait encore, moins de 150 ans auparavant (Laurière, t. V, p. 493), à 4 deniers par livre et par semaine (plus de 80 pour 100), on reconnaîtra que la création du contrat de rentes fut un véritable bienfait, et la meilleure

____

(1) *Commentarii in patrias Britonum leges. Amsterdam*, 1664, *art.* 266, *cap.* VI.

(2) Elles servirent à pallier l'usure dans une foule de cas. D'Argentré rapporte un de ces cas (Ibid). En voici un autre. Les personnes qui possèdent des rentes et ont besoin d'argent, cèdent pour un temps la jouissance de ces rentes à leur créancier, en retour du prêt qu'il leur consent. Gasquet, l'Usure démasquée, Avignon 1766, p. 193.

digue à opposer aux exigences insatiables des usuriers.

Nous en avons fini avec le droit civil. La législation révolutionnaire devait supprimer toutes les anciennes prohibitions, conformément aux vœux des hommes politiques et des économistes du XVIIIᵉ siècle, et s'affranchir des prohibitions canoniques, comme les doctrinaires du XVIIIᵉ siècle s'étaient affranchis des théories scolastiques. La loi du 2 octobre 1789 fixait le taux légal du prêt en matière civile à 5 pour 100, qui était le taux des rentes constitutuées, sans déroger toutefois aux usages commerciaux du marché. La loi du 15 thermidor an IV (25 avril 1795) accordait à tous pleine et entière liberté de contracter. La loi du 3 septembre 1807 fixait le taux à 5 pour 100 en matière civile, et à 6 pour 100 en matière commerciale. Enfin la loi du 12 janvier 1886 supprimait toute limitation de l'intérêt conventionnel en matière de commerce.

CONCLUSION

Nous ne saurions nous faire d'illusions sur les difficultés d'une conclusion dogmatique à la fin de cette
étude. Aussi n'essaierons-nous pas de la tenter. Nous
nous contenterons simplement d'isoler les principales
données qui nous paraissent capitales pour la position
de ce problème.

Un point qu'on ne saurait contester, c'est que la défense absolue de l'usure ou de l'intérêt n'est pas possible dans l'état actuel des choses. Cette interdiction
serait donc mauvaise. Si, au lieu d'une étude des doctrines, nous avions eu à montrer l'enchaînement des faits
relatifs à l'usure, nous n'aurions eu, en quelque sorte,
qu'à suivre cette tendance permanente à tourner les
défenses canoniques incompatibles avec la civilisation
et le gouvernement des Occidentaux, qui prend naissance dès le xiie siècle. Il est impossible de nier ce dualisme constant entre les doctrines théologiques et les
intérêts matériels. Comme les besoins étaient plus forts
que les doctrines, il fallut entrer dans la voie des concessions. Elles se multiplièrent tant et si bien, que la
défense même de l'usure devint une exception. Dès le
xvie siècle, les protestants mirent en relief cette anomalie.

Si la défense de l'usure se maintint en France jusqu'à la Révolution, c'est que cette défense, après avoir permis aux rois d'établir le monopole de la banque, leur réservait encore celui des emprunts. Partout ailleurs, les états catholiques de l'Allemagne, l'Espagne, l'Italie, le Portugal et la Flandre pratiquaient ouvertement le prêt intéressé dès le xvie siècle. A vrai dire, ce n'était pas l'usure pure et simple, car on avait pris soin de la décorer de mille noms différents : c'étaient des contrats de vente, de société, de dépôt, d'intérêts, de prêt de commerce et même de prêt à jour (1), etc. Théoriquement on continuait à la couvrir d'anathèmes, mais pratiquement ce n'était plus qu'un simple fantôme.

D'où venait donc l'erreur théorique des docteurs ? C'est qu'ils ignoraient que la défense absolue de l'usure est une pièce du régime théocratique des peuples agriculteurs. Aristote, qui n'avait pas su embrasser la pure doctrine platonicienne, la leur avait transmise mélangée à tant de conceptions bâtardes sur la nature, qu'elle en était devenue méconnaissable. L'examen de la constitution mosaïque aurait pu les ramener sur la voie et les sauver de cette ignorance. Malheureusement les docteurs ne surent pas étudier cette constitution en elle-même ; ils n'aperçurent qu'un Moïse déformé par

____

(1) Voyez pour le prêt à jour, qui n'est que le prêt à usure, dont le remboursement du capital est fixé à terme, la bulle du pape Innocent X du 21 mars 1645 (P. de Colonia, Eclaircissement sur le légitime commerce des intérêts, Lyon, 1675).

leurs idées préconçues. Ils appelèrent sa constitution théocratique le *droit divin*, tandis que les idées d'Arîstote devenaient le *droit naturel*.

Ils auraient pu remarquer, pourtant, que si ce droit divin interdit l'usure, il a soin d'appuyer cette défense par une autre qui en garantit l'efficacité contre la rapacité des prêteurs et contre les propres entraînements de l'emprunteur. Les constitutions de Moïse et de Platon prohibent l'aliénation d'une partie déterminée du patrimoine de chaque citoyen. Or ce caractèrein saisissable et inaliénable des biens, n'existait pas au moyen âge, sous un régime qui était la négation même du système théocratique. La féodalité était en réalité un régime de spoliation et d'arbitraire.

Un autre point capital à noter dans toutes les théocraties, c'est qu'elles groupent sous leurs lois des populations homogènes et paisibles. Or les peuples du moyen âge étaient formés d'éléments disparates et inassimilables, où les intérêts formaient des antagonismes irréductibles. Prétendre imposer une institution de charité pure comme celle du prêt gratuit, au sein des discordes et des conflits d'intérêts, avant même de pouvoir assurer l'existence paisible de la justice, c'était bien là l'entreprise la plus vaine et la plus chimérique que l'on pût tenter. Pour faire régner la charité et imposer l'obligation du prêt gratuit, il aurait fallu supprimer la féodalité et les guerres civiles, chasser les Lombards et les Juifs qui ruinaient le pays avec la complicité du roi et des seigneurs, et enfin borner au troc tous les échanges et tout le commerce, c'est-à-dire faire à l'esprit mercantile la plus petite place possible.

Une telle entreprise n'est pas nécessairement chimérique. On peut fort bien s'imaginer de nos jours encore une cité ou une nation qui ne se proposeraient pas simplement d'accumuler des richesses matérielles, mais dont le but essentiel serait un but de perfectionnement moral (1). Une telle cité ou une telle nation seraient évidemment les seules d'où l'on pourrait bannir l'usure : car dans les pays où le souci des richesses matérielles remplace celui des « biens de l'âme,» le prêt gratuit est un non-sens. Prétendre l'établir sur la conception d'une solidarité humaine purement matérielle, est une utopie. Pour l'imposer, il faut faire appel à la charité.

Mais dans les théocraties qui acceptent la civilisation dans toute sa complexité, et qui font au commerce une large part, les législateurs ne songent plus à interdire le prêt intéressé à toutes les classes de la société.

Il en résulte que le droit divin, débarrassé de tous ses éléments contingents, ne nous donne plus qu'une formule négative : c'est celle que nous a fournie Platon : Évitez les dissensions, supprimez le dualisme. Et ce

(1) Il est certain cependant que cette conception paraît plus théorique que pratique quand on considère que les théocraties ne vont pas généralement sans l'esclavage, ou sans le régime des castes, qui n'est encore qu'un succédané de l'esclavage. Mais cela est dû plutôt à des nécessités historiques qu'aux principes théocratiques eux-mêmes.

principe négatif trouve sa raison d'être dans le principe d'harmonie et d'union dont Jésus nous a laissé la formule la plus claire et la plus saisissante : Aimez-vous les uns les autres ! La question de l'usure n'a donc rien à voir avec le droit divin en général.

Quant au droit naturel, essentiellement variable et flottant, il n'apporte pas avec lui un caractère d'autorité et de démonstration suffisant pour s'imposer au consentement universel. Les théologiens qui ont bâti sur ce droit la distinction des préceptes et des conseils, se sont condamnés par là même à ne pouvoir en faire des catégories fermées. Leur ambition cependant était toute autre. Il faut constater que ce qui a pu sauver ces catégories d'un discrédit certain, c'est un assentiment de la volonté qui n'a rien à faire avec la notion réelle des choses : c'est un assentiment basé entièrement sur l'obéissance du présent au passé.

L'enseignement de Jésus, supérieur aux constitutions théocratiques et au droit naturel, ne nous dit donc pas qu'il faille prêter gratuitement. L'idée générale qui s'en dégage, c'est qu'il faut nous détacher des biens de ce monde ; et il faut nous en détacher par tous les moyens possibles. Si Jésus nous invite à prêter sans espoir de recouvrer le capital, il nous invite également à présenter la joue droite à celui qui nous a déjà frappé la gauche. Nous devons donc mépriser non seulement les biens matériels, mais encore l'honneur, qui est de tous les biens le plus précieux. Or la constitution de

Moïse punissait les attentats à la propriété et à l'honneur,
elle accordait des sanctions très dures au lésé. Et si elle
oblige les Israélites au prêt gratuit, c'est que les Israélites sont des agriculteurs qui ignorent à peu près complètement le commerce, et qu'elle veut prévenir les
divisions qui surgissent à la suite d'une trop grande
inégalité dans les fortunes. Au surplus, cette règle demeure purement nationale : elle ne concerne pas les
étrangers.

Pour ce qui est du droit naturel, entièrement fondé
sur la justice, ses limites ne sont pas arrêtées une fois
pour toutes. Que nous enseigne, en effet, la justice commutative ? L'échange de nos avantages par portions
égales. Or il est bien évident qu'une somme actuelle représente pour moi plus d'avantages que la même somme
au bout d'une année. Le prêt gratuit lui reste donc
étranger.

Quant à la justice distributive qui, conformément à
l'enseignement chrétien, devrait tenir compte dans sa
répartition des biens, du droit de vivre accordé à chaque
individu, on pourrait fort bien, comme Aristote le
voulait pour la répartition des honneurs, la mettre entièrement aux mains des magistrats, ou comme les socia-
listes d'aujourd'hui, en confier l'exercice à l'État. La
cité ou l'État y pourvoiraient par le moyen des impôts.
Si une constitution théocratique laisse ce soin aux particuliers, on peut noter toutefois qu'une autre à côté
suivra une autre règle : ces constitutions n'engagent

donc pas le droit divin en général, et beaucoup moins encore le droit naturel, en ce qui concerne le prêt individuel.

Les empiristes qui s'en sont tenus à l'observation rigoureuse des faits, ont tantôt conclu à la réglementation du prêt à intérêt, ou même à sa suppression graduelle; et tantôt à une entière liberté des parties contractantes. C'est dire que l'empirisme qui n'aperçoit dans l'homme que son égoïsme et son vouloir-vivre, ne saurait nous fournir des règles bien précises sur une répartition équitable des biens. Observée par un optimiste nanti, la nature fournira la pure doctrine libérale; à un déshérité de la fortune, elle donnera le principe de solidarité et d'égalité. L'empirisme ne peut donc rien résoudre : il ne saurait mener qu'à des antagonismes sociaux. Ce qu'il est permis d'en retenir, c'est que le prêt gratuit dans tous les cas est une chimère, et que le prêt intéressé libre aboutit à toutes sortes d'excès dans certaines circonstances.

S'il faut tenir compte des faits, il est donc indispensable, pour résoudre le problème, de recourir à des principes et à des idées qui les dominent. Comment se fera la conciliation entre les principes et les faits? D'une façon variable avec le tempérament des peuples, suivant leur situation et suivant les époques. La meilleure répartition sera celle qui assurera à tous le maximum de bien-être, et qui éliminera de la nation les divisions et les séditions. Quoiqu'il en soit, la conciliation ne se fera que si l'on admet pour la vie humaine une autre fin que celle de produire des richesses.

Le protestantisme qui ramena le bon sens dans l'étude de cette question, perdit entièrement de vue les grands principes politiques dont l'Église avait tenté en vain de pénétrer le moyen âge. Cette ignorance ne causa cependant aucun préjudice. Elle aboutit à des transactions nécessaires. Car le temps était passé où l'Église aurait pu imposer à tous une pensée unique en matière de gouvernement. La féodalité naissante était la négation même du principe de prééminence de l'esprit sur la force. L'évolution des régimes devait parcourir son cycle fatal sans pouvoir ramener la civilisation en arrière, sans pouvoir immobiliser les esprits dans les formes savantes d'un gouvernement de droit divin. Avec la disparition de ce régime devait donc disparaître le prêt gratuit obligatoire.

Vu le Doyen :
    GLASSON.   Vu le Président de la thèse :
                  A. DESCHAMPS.

    Vu et permis d'imprimer :

Le Vice-Recteur de l'Académie de Paris,
    GRÉARD.

TABLE DES MATIÈRES

PREMIÈRE PARTIE

CHAPITRE PREMIER

L'USURE ET LE DROIT CANONIQUE

CHAPITRE II

MODIFICATIONS INTRODUITES DANS LE DROIT CANONIQUE ANCIEN

CHAPITRE III

LE DROIT CANON NOUVEAU OU CODIFIÉ

CHAPITRE IV

LES DOCTEURS SCOLASTIQUES

DEUXIÈME PARTIE

Les doctrines libérales.

CHAPITRE V

LES THÉOLOGIENS PROTESTANTS

CHAPITRE VI

LES DOCTRINES LIBÉRALES EN FRANCE

CHAPITRE VII

LES DOCTRINES LIBÉRALES A L'ETRANGER

CHAPITRE VIII

LES DOCTRINES LIBÉRALES AU SEIN DE LA TRADITION

CHAPITRE IX

ATTARDÉ ET RÉACTIONNAIRES

CHAPITRE X

ÉMANCIPATION DES DOCTRINES ÉCONOMIQUES AU XVIIIe SIÈCLE

CHAPITRE XI

LE DROIT CANON RÉCENT OU NON CODIFIÉ

CHAPITRE XII

INFLUENCE DES DOCTRINES RELIGIEUSES ET DU DROIT CANON SUR LA LÉGISLATION CIVILE DE L'USURE

Orléans. — Imp. MAURICE FOURNIQUET, 47, rue Bannier.